# Manual de manejo de clase para catequistas

- ❧ *ESTRATEGIAS DE DISCIPLINA PARA INCREMENTAR LA CONFIANZA DEL PROFESOR*
- ❧ *CÓMO AFRONTAR SITUACIONES DIFÍCILES*
- ❧ *EJEMPLO DE UNA RUTINA DE TRABAJO EN EL SALÓN DE CLASE*

## JENNIFER FITZ

LIBROS LIGUORI

Imprimi Potest:
Stephen T. Rehrauer, CSsR, Provincial
Provincia de Denver, Los Redentoristas

Publicado por Libros Liguori
Liguori, Missouri 63057

Pedidos al 800-325-9521
www.librosliguori.org

pISBN 978-0-7648-2505-7
eISBN 978-0-7648-6950-1

Libros Liguori, una corporación sin fines de lucro, es un apostolado de
los Padres y Hermanos Redentoristas. Para más información, visite
Redemptorists.com.

Impreso en Estados Unidos de América
17 16 15 14 13 / 5 4 3 2 1
Primera edición

# ÍNDICE

**Cómo hacer una clase que de verdad funcione: ritmo y rutina 47**

**Cómo convertir a los niños pequeños o inquietos en niños que prestan atención y estudian 74**

**Cómo enseñar a alumnos avanzados y a alumnos principiantes en el mismo salón de clase 89**

**Cómo hacer una clase que involucre a todos los alumnos 96**

# Sobre la autora

 Jennifer Fitz ha enseñado y escrito desde la mitad de los noventa, pero nunca había sabido lo que era el miedo hasta que cruzó las puertas de un salón de Educación Religiosa de quinto grado. Después de su primer y espectacular fracaso, aprendió el secreto que también muchos otros maestros han descubierto: **se puede aprender a dar bien clases, incluso si es algo que no se te da de forma natural.** En *Manual del manejo de clase para catequistas*, Jennifer explica las técnicas para manejar la disciplina en clase como una serie de habilidades y procesos que cualquiera puede llegar a dominar.

Cuando no está dando catequesis, Jennifer atiende a sus cuatro hijos que estudian en casa, se encarga del blog de la Asociación de Escritores Católicos y se escapa a jugar en la pequeña jungla de su jardín. Puedes leer sus escritos en AmazingCathechists.com, CatholicMom.com, NewEvangelizers.com y en su blog personal, JenniferFitz.wordpress.com

# AGRADECIMIENTOS

Este libro ha sido posible gracias a dos directoras de Educación Religiosa: Donna Tomasini y Jackie Brace. Ellas me dieron oportunidad de enseñar y de aprender a partir de mis muchos errores.

Sobreviví a mis primeras y desastrosas semanas como catequista gracias a mi mentora en línea, catequista y maestra de escuela, Pamela O'Keefe. En mis primeros años como catequista, algunos maestros de escuelas públicas jugaron un papel, quizás modesto, pero esencial para mi labor: Alva Suggs y el Dr. Chris Craft. Doy infinitas gracias a *Columbia Corssroads* por permitirme aprender junto con sus maestros de la escuela dominical cuando logramos que el Dr. Craft nos compartiera sus artes no tan obscuras.

A mis compañeras catequistas Kathleen Doran, Linda Cadena, Karen Kays y Daylin Silber: fue un gozo enseñar junto con ustedes. Matt Wilson, eres increíble. Agradezco infinitamente los incansables esfuerzos de la Hna. Pamela Smith por formar y volvernos a formar a nosotras sus catequistas.

Muchos educadores me dieron su opinión y me orientaron mientras escribía estas páginas como Lisa Mladinich, Sarah Reinhard, Christian Le-Blanc, John McNichol, Dorian Speed, Mary Hathaway, Kathy Naso, Bob Weigold, Elaine Bonacci, Kelly Jacobs, y el P. Patrick Toner. Recibí asesoría para la redacción de la editora de *Libros Liguori*, Christy Hicks, de la Hna. Marie-Paul Curley y del grupo de la Asociación de Escritores Católicos dedicado a la crítica de textos. Nunca podré comprar suficientes libros para agradecer a Maureen Weigold de la *Saint Francis Catholic Shop* por su apoyo mientras escribía estas páginas.

La generosidad de mi familia ha hecho posible que yo enseñe y escriba: Jon, Joshua, Evelyn, Eleanor y Annelisa, ustedes son mucho más maravillosos de lo que yo me hubiera atrevido a soñar.

*"Y si encontré misericordia*
*fue para que en mí, el primero,*
*manifestara Jesucristo toda su paciencia"*

1 Timoteo 1:16

# Introducción

## ¿En qué consiste el manejo de clase?

Mi primer año enseñando Educación Religiosa fue un desastre. Mi compañera Kathleen y yo tratamos de crear una atmósfera de amistad, un salón de clase lleno de niños simpáticos. ¿Qué haces cuando uno de los niños te pide que lo llames por su apodo "Galleta"? Ofrecimos actividades divertidas de aprendizaje y cosechamos caos. El insecto que salió de las frutas que habíamos colocado en la mesa de oración, tampoco ayudó. Pero el clímax de los errores que cometimos en las primeras semanas, fue ver a una alumna rechazada y aislada en el patio porque no se llevaba bien con nadie. Los papás llamaron para quejarse.

¿Cómo pudo pasarnos esto? Nosotros queríamos a los niños, nos gustaba enseñar y queríamos compartir nuestra fe. Se trataba de niños despiertos, llenos de vida, sanos, que venían de hogares cristianos. Teníamos a una Directora de Educación Religiosa (DER) que nos apoyaba y todos los recursos pedagógicos que podíamos desear. Todos los ingredientes para un excelente programa de Educación Religiosa estaban dados.

Pero, al igual que para cocinar, aquí también hay una ciencia –y un arte– para combinar los ingredientes. No podíamos simplemente echar todo en la cacerola y esperar a que se hiciera la sopa. Tuvimos que aprender métodos para obtener orden –y educación– del caos.

A estos métodos los maestros profesionales los llaman "manejo de clase". Es una expresión que significa, "las cosas que debo hacer para que estas pequeñas fieras se calmen y se concentren de forma que yo no tenga que salir corriendo, histérica, y decidida a no volver a poner un pie en el salón de clase". O, dicho de otra forma, la forma para hacer que los papás dejen de llamar quejándose de lo que pasa en mi salón... y quizás comiencen a llamar, pero para decir que sus hijas están muy contentas con tu trabajo.

Lo bueno es que el manejo del salón de clase es un conjunto determinado de habilidades que cualquiera puede aprender y dominar. No importa cuán loco o fuera de control esté tu salón en estos momentos, puedes cambiar la situación. Y, dado que vas a comprender la dinámica de las diversas herramientas y enfoques, vas a poder afrontar nuevos problemas y responder de forma adecuada.

Las técnicas de este libro no son ni nuevas ni revolucionarias. Son métodos probados que funcionan en todo tipo de salones de clase. Para aprender el manejo del salón de clase, acudí a los expertos, leí libros sobre el tema escritos por maestros profesionales, tuve conversaciones con amigos que son también maestros y busqué en ellos ideas y ayuda. En un momento pedí al Dr. Christopher Craft –maestro de escuela media y experto reconocido a nivel nacional en enseñanza y conducta de alumnos– que nos diera un taller a los maestros de la escuela dominical. Entre otras cosas, nos enseñó la importancia de usar rutinas en el salón de clase, dándonos tanto los principios neurológicos que hay detrás de ellas como consejos prácticos, por ejemplo, qué hacer cuando algún alumno llega tarde a clase. Con un poco de seguimiento y mucha práctica, nuestro salón de clase se transformó. Un alumno le dijo a su mamá cuando terminó el año: "Mamá, este fue mi mejor año de Educación Religiosa porque aprendí mucho sobre la fe".

Sé que no soy la única catequista que ha tenido problemas con la disciplina en el salón de clase. Lo que me ha sorprendido, sin embargo, es la respuesta que he recibido de maestros profesionales a los que pedí que revisaran mi libro. Un maestro de preparatoria me confesó, "creo que a los maestros a menudo solo se les enseñan contenidos teóricos, hermosos programas de clases, etc., ¡pero nunca nos enseñan los principios básicos para mantener la disciplina en el salón de clase!". John McNichol, escritor y maestro de escuela media católica, dijo simplemente, "me hubiera gustado haber leído esto antes de empezar mi carrera como profesor". Los principios básicos de la disciplina en el salón de clase son los mismos si estás enseñando álgebra en preparatoria o si estás con un grupo de niños pequeños en un curso de verano sobre la Biblia. Si bien creo que este libro puede ayudar a muchos profesores de tiempo completo, ciertamente lo escribí pensando específicamente en los catequistas de una parroquia. A medida que vayamos viendo los métodos y las herramientas para la disciplina de clase, iremos viendo cómo aplicarlos a los retos y exigencias propias de un programa de Educación Religiosa. Comencemos dando un vistazo a las diversas situaciones en que nos podemos encontrarnos como catequistas.

# 1

# TU MUNDO COMO CATEQUISTA

¿Cómo describirías un "típico" programa católico de Educación Religiosa? Podría ser una pequeña parroquia de misiones con solo un puñado de niños y un solo catequista que hace las veces de maestro, DER y encargado de la disciplina. O quizás vas a una gran parroquia con programas de Educación Religiosa que se tienen cinco noches a la semana y una secretaria que sueña con una vida más sencilla haciendo algo así como ser controladora de vuelo o dirigir Penn Station...

Algunos de los retos para enseñar Educación Religiosa serán propios de tu parroquia. Otros problemas –y ventajas– son comunes a muchos, si no a todos, los programas de Educación Religiosa. Comencemos hablando de ti, el maestro, y después daremos un vistazo a otros factores que influyen en tu labor como catequista.

## ¿Quién enseña Educación Religiosa?

*Voluntarios y amateurs.* De vez en cuando encuentras un catequista con capacitación formal, tanto en Pedagogía como en Teología; sucede, pero es bastante raro. La mayor parte de nosotros somos autodidactas y aprendemos en el día a día. Como catequista descubrirás que una de las mejores técnicas para la disciplina en clase es simplemente tener una clase interesante: los alumnos se comportan mejor cuando no están aburridos. No permitas que la falta de capacitación o de experiencia te desanime. Más bien, identifica los talentos que aportas al salón de clase, no importa que sea tu pasión por el arte o la experiencia de haber superado una situación difícil en tu vida o poseer una rica personalidad o simplemente el amor a tus alumnos y el deseo de ayudarlos a conocer a Jesús. Busca la capacitación o ayuda que necesites para mejorar en tus puntos débiles, pero no tengas miedo a ser creativo a la hora de compartir tu fe en formas que solo tú y tu personalidad pueden hacer.

## ¿Quién te ayuda?

Las buenas prácticas para tener un ambiente adecuado en el salón de clase exigen trabajar en equipo. Es posible que te hayan tocado compañeros perfectos, pero si no, no te desanimes si tienes que trabajar superando conflictos y malentendidos. El capítulo 7 se dedica por completo a explicar cómo debes trabajar con tus compañeros para que la disciplina en el salón de clase funcione bien, sacando el mayor provecho a cada una de tus cualidades. Dependiendo de tu parroquia, tus colaboradores podrían ser adolescentes que necesitan un firme acompañamiento o padres de familia voluntarios que no quieren adoptar un papel activo dentro del salón de clase. Puede suceder incluso que te encuentres enseñando sola, con la puerta abierta y un adulto supervisor allá abajo en el vestíbulo. Ten siempre un plan B preparado, en caso de que no llegue la ayuda que esperabas.

A lo largo del libro, hay veces en que digo algo así como "alguien que te ayude…" o "pide a un auxiliar que…" y es posible que no tengas esa ayuda a la mano. ¿Qué hacer en esos casos? Cuando estás enseñando sola, no te queda otra opción que desarrollar al máximo tu capacidad de liderazgo. En el salón de clase, ve la forma de que tus alumnos te ayuden, por ejemplo, organizándolos en parejas para algunas actividades, de forma que puedan trabajar juntos y apoyarse; o teniendo algunos alumnos que sean voluntarios y que se encarguen de algunas tareas dentro del salón. Pero las emergencias e imprevistos siempre suceden. Si no tienes a un asistente que se pueda encargar del salón llegado el caso, debes entonces hablar con tu DER o párroco para acordar cómo actuarán en esas situaciones. Tus instalaciones, la edad de tus alumnos y la presencia de otros adultos en el edificio determinarán cuál es el modo más seguro para salir al paso de esas emergencias.

## ¿Dónde vas a enseñar?

Las instalaciones varían considerablemente de una parroquia a otra, aunque también es verdad que algunos catequistas reciben el salón de clase de sus sueños. He enseñado con cubos distribuidos por todo el salón para recoger el agua de las goteras, con un arsenal de ventiladores eléctricos colocados estratégicamente para mantener a los alumnos despiertos, cuando el aire acondicionado se había descompuesto en un día en que estábamos a 98° y, por supuesto, algo que yo temo más que una fotocopiadora descompuesta: no tener plumones para el pizarrón (actualmente siempre tengo algunos en mi mochila). En el capítulo 2, vamos a hablar de diversas formas de manejar el ambiente de clase (o la falta de este); y en los capítulos 3 y 8 hablaremos de qué podemos hacer para evitar los imprevistos. Por lo que ve al equipo o a los accesorios para hacer funcionar el salón de clase, vale la pena tener en la mochila un poco de sentido del humor…, lo vas a necesitar.

## ¿Qué libros de texto, útiles escolares y otros recursos vas a tener?

Seamos claros: no vas a recibir un programa de estudios perfecto ni todos los artículos escolares que te gustaría tener. Tu parroquia tiene que funcionar ciñéndose a un presupuesto ajustado, que debe salir al paso de muchas necesidades. Y no importa cuán fielmente sigas el guion contenido en el manual del maestro: tus alumnos no han tenido ensayos para entrar en escena siguiendo dócilmente tus indicaciones. Esto puede ser frustrante, no solo porque a ti no te importa el ejercicio de la página 37, sino porque una falta de coordinación entre el plan de estudios y los alumnos puede ser fuente de no pocos problemas de disciplina.

Nada causa más estrés que tener la sensación de no ser la persona indicada para enseñar al curso que te tocó. Confía en tu DER y en tu párroco (es muy poco probable que estén queriendo hacerte la vida imposible), y ve con ellos cómo puedes aprovechar mejor los recursos con que cuentas. Pregunta qué materiales están disponibles, dónde se encuentran y cuáles son los criterios para usarlos. Define cuáles son las prioridades en lo que debes enseñar a tu curso y hasta qué punto puedes adaptar o modificar el programa. Cuando surjan problemas, explica tu dificultad, la solución que propones y pide su opinión a otros. Dado que muchos catequistas prácticamente no cuentan con un presupuesto para sus gastos, a lo largo del libro veremos formas de trabajar sin costo económico alguno. Esto nos permitirá superar algunas dificultades que se presentan frecuentemente al enseñar Educación Religiosa.

## ¿Qué tipo de curso estás enseñando?

Durante el año escolar estarás enseñando prácticamente un curso académico, a menudo una hora a la semana. Durante el verano podrías trabajar como voluntaria en un curso intensivo, los cuales suelen tener una semana de duración, o en uno en el que los niños o niñas se reúnen varias horas por la tarde a lo largo del mes. Otra opción es que te hayas ofrecido como voluntaria para un programa de vacaciones de un día, el cual se tiene en Adviento o Pascua. Podrías estar sustituyendo también a alguien en su curso o encontrarte enseñando al doble o triple de los alumnos que esperabas porque uno de los voluntarios está enfermo. Una buena programación es el secreto para un curso exitoso, por ello vamos a dedicar la segunda mitad de este libro a aprender cómo preparar programas que te ayuden a enseñar de forma eficiente. Pero esta es la mejor parte: al aprender a hacer una buena programación, cuando tienes el lujo de hacerlo, también desarrollarás la habilidad para responder ante situaciones inesperadas.

## ¿Quién viene a tus clases?

El tipo de problemas que vas a encontrar en clase, va a depender en parte del grado de madurez de tus alumnos. Los alumnos más jóvenes tienen lapsos de atención más breves, menos autocontrol y más energía física. El capítulo 4 explica las estrategias para enseñar a alumnos muy jóvenes y con mucha energía. A lo largo del libro vamos a abordar los problemas y las soluciones que se presentan en las diversas edades y vamos a explicar cuáles medios funcionan mejor en cada caso. En el capítulo 6 veremos cómo hacer frente a unos cuantos problemas de comportamiento más serios, que pueden presentarse en una clase de Educación Religiosa. Lo bueno es que, con paciencia y bondad, podrás ayudar a experimentar el amor de Cristo, incluso a los alumnos más reacios.

Casi cada salón de Educación Religiosa puede dar por descontada una particular dificultad: tener alumnos que acaban de cruzar por primera vez las puertas de la iglesia y otros que conocen su fe tan bien que podrían dar la clase en tu lugar. En el capítulo 5 se explica un método simple y flexible para planear una clase que sea atractiva para todos los alumnos y que ofrezca a la vez nuevos contenidos.

## ¿Cuál es la cultura en el salón de clase de la parroquia?

Cuando le preguntaron al catequista y escritor Christian LeBlanc sobre cómo manejar la disciplina en el salón de clase, este respondió simplemente: "Recuerdo muy bien mi frustración de niño cuando trataba de aprender y el maestro permitía el desorden. Nunca aprobaré eso. A los alumnos de sexto grado les doy una oportunidad y media para no ser indisciplinados. Después, están fuera de mi clase ya sea para sentarse en la oficina del DER o para estar en otra clase. Ambas cosas no les gustan y ya no hay problemas cuando vuelven". Una cultura de parroquia construida sobre un fuerte sentido de disciplina y orden, sobre una actitud tajante ante la disciplina, puede hacer la vida del catequista mucho más sencilla. Donde el ambiente es más relajado e informal, los maestros deben desarrollar más sus habilidades para dirigir el salón de clase. Pero el buen maestro se gana siempre los corazones y la mente de sus alumnos. No es bueno aprovecharse de la disciplina estricta de la parroquia, llevando a los alumnos simplemente a ofrecer su propio sufrimiento. Un catequista como Christian LeBlanc insiste en el buen comportamiento, sí; pero su habilidad como maestro hace que los alumnos vuelvan al salón de clase deseando tener otra oportunidad. Por esta razón, un libro dedicado a cómo dirigir un salón de clase es un libro dedicado también al arte de enseñar.

Tú te has ofrecido como catequista porque quieres llevar a Cristo a tus alumnos. Pero, ¡primero debes calmar a esos niños y hacer que escuchen! Comencemos por profundizar en los principios básicos de la disciplina: hablemos de los seis principios que ayudan a crear un ambiente sereno en clase, el cual te permita entrar en contacto con tus alumnos y poner las bases para una buena clase.

## 2

# LOS SEIS PRINCIPIOS BÁSICOS
# DE LA DISCIPLINA

¡¿Cómo hago para que estos niños se comporten?! Es una pregunta que podemos hacernos como padres y que no es menos frecuente en el salón de clase. No puede haber enseñanza si los alumnos no se pueden dedicar a aprender.

Algunos maestros tienen un liderazgo natural: entran en un cuarto, los alumnos se comportan; problema resuelto. Me gustaría tener esa capacidad, pero no la tengo. Y no hay nada más frustrante que oír a otro maestro del equipo decir: "Bien, ¡simplemente haz que se comporten!", como si calmar un cuarto lleno de niños traviesos fuera tan sencillo como acordarse de pagar el recibo del agua o dar de comer al perro todas las mañanas.

Si tú eres como yo, las admoniciones vagas como "sigue trabajando" o "haz un plan" simplemente no significan nada. ¿Seguir trabajando en qué? Y, yo ya hice un plan, ¿por qué no está funcionando? Es posible que los líderes naturales no entiendan esto porque a ellos estas cosas les salen de forma automática.

Pero el hecho de que nosotros no sepamos, casi por arte de magia, cómo controlar un salón no significa que estemos condenados a una vida de guerras de lápices y pintura en las paredes. Podemos aprender conscientemente cómo usar las herramientas de una buena disciplina como parte de una estrategia activa para hacer que nuestro salón funcione de la mejor manera posible.

## Aplica los seis principios de la disciplina

Para pensar de forma estratégica en la disciplina, he formulado lo que yo llamo "los seis principios de la disciplina". Se sintetizan en seis palabras: ejemplo, ambiente, compromiso, explicación, exigencia y motivación. Vamos a analizar cada uno de ellos en detalle.

Uno de los retos de la disciplina en el salón de clase es escoger métodos que sean tanto efectivos como apropiados para las circunstancias del salón. Ciertos principios de disciplina utilizados al educar a los propios hijos pueden ser inútiles o incluso dañinos cuando los usa un profesor. En la medida en que vayamos avanzando en la explicación de los seis principios, hablaremos también de algunas acciones específicas que funcionan bien y otras que son en realidad trampas.

Cuando estés tratando de solucionar problemas de conducta en tu salón, pregúntate: ¿cuál principio necesito aplicar aquí?, ¿qué me está faltando? Cuando te encuentres ante una nueva situación, probablemente no sabrás cómo reaccionar. Pregúntate qué tipo –qué categoría– de cambio se requiere. ¿Necesitan los alumnos un ejemplo más claro? ¿No logré explicar lo que querían? ¿Hay algo en el ambiente que está distrayendo a los alumnos y que yo podría modificar para hacerles más fácil la disciplina? Una vez que hemos identificado el tipo de cambio que se requiere, será más fácil elegir las acciones concretas y pertinentes.

## Pon el ejemplo correcto

Los seres humanos estamos hechos para aprender unos de otros. Sin mayor esfuerzo adoptamos el lenguaje, las ideas, los modales y los hábitos de la gente que nos rodea, incluso sin darnos cuenta. Como maestro, debo asegurarme de que estoy aprovechando este instinto imitativo para enseñar a mis alumnos cómo comportarse correctamente.

Reflexiona en el ejemplo que estás dando a tus alumnos, tanto dentro como fuera de clase. ¿Tus alumnos tienen dificultad para portarse bien en parte por lo que ven en ti? ¿Es posible que tus propias dificultades para aceptar algunos aspectos de la vida cristiana hayan causado que abandones tus ideales y que tus alumnos en el fondo estén siguiendo tu mismo patrón? Hagamos un rápido "examen de conciencia del catequista":

### Examen de conciencia del catequista

**¿Tomo mi clase de Educación Religiosa en serio?** ¿Vengo a clase preparada, con mis materiales organizados y un programa bien hecho? ¿Aprovecho bien el tiempo de clase o caigo en la tentación de ponerme a charlar con otros adultos durante ese tiempo? No puedo esperar que mis alumnos se tomen en serio mi clase si yo misma no lo hago.

**¿Trato a los demás con respeto?** ¿Soy amable? ¿Controlo mi temperamento? ¿Evito el sarcasmo y los chismes? ¿Respeto a los demás, tanto con lo que digo como con la forma en que lo digo? ¿Doy a los demás el beneficio de la duda o presupongo siempre lo peor?

**¿Dedico tiempo a la oración y a los sacramentos?** ¿Qué ejemplo doy en Misa y durante los tiempos de oración en clase? ¿Soy reverente y respetuosa? ¿Oro, canto y recibo la Comunión atenta y devotamente? ¿Es común que mis alumnos me vean en la fila del sacramento de la Confesión?

**¿Cuán comprometida estoy con mi propia fe?** ¿Estoy haciendo todo lo que puedo para vivir mi vocación cristiana a lo largo de la semana? ¿Hago un esfuerzo serio por cultivar mi vida de oración, por servir a otros y por aprender más acerca de la fe? ¿He renunciado a la santidad o me he decidido a seguir cooperando con la gracia de Dios hasta que la consiga?

Lo que yo hago da un mensaje fuerte: *así es como los cristianos se comportan. Así es como tú te debes comportar.* Interesante, ¿verdad?

Pero, ¡espera un minuto! Aún estoy muy lejos de ser un católico ejemplar. Posiblemente tú no eres tampoco 100% perfecto. ¿Significa eso que no deberíamos ser catequistas? No, por lo general no. Eso significa lo siguiente: necesito un Salvador. Y esta es una buena noticia porque también lo necesitan mis estudiantes. Puedo mostrar mis propios errores como una oportunidad para enseñar a mis alumnos cómo disculparse, cómo pedir perdón y cómo enmendarse de sus pecados.

Como catequista, es importante tener siempre presente que la humildad y la santidad son los dos lados de una misma moneda. La humildad no consiste en ponerse metas mezquinas ni en resignarse a no ser santo. Consiste en reconocer cómo debe ser la santidad en mi estado de vida y ser honesta para reconocer aquellos puntos en los que todavía debo crecer. En muchos casos yo estoy al lado de mis alumnos, hombro con hombro, compartiendo sus mismas dificultades. Aquí lo importante es no mirar nuestra debilidad y concluir que ya es suficiente. En lugar de ello, necesito hacer que miren a Cristo y así juntos podemos mirarlo a él como nuestro modelo y meta.

## SEGUNDO PRINCIPIO:
## Crea un ambiente que les facilite a tus alumnos portarse bien

Es un viernes de Cuaresma y te mueres de hambre. Abres el refrigerador. Hay un trozo de filete de res que sobró, una caja con pollo frito y un paquete de una nueva marca con las carnes frías que más te gustan. ¿Qué tan fácil va a ser respetar aquella norma de no comer carne los viernes? No mucho. Nos hacemos un favor a nosotros mismos si quitamos del refrigerador todas aquellas cosas que se supone debemos evitar y lo llenamos con mejores opciones.

En el salón de clase sucede lo mismo. Podemos ayudar a nuestros alumnos creando un ambiente que les haga más fácil portarse bien desde el momento en que cruzan la puerta. Algunas veces podrás preparar el espacio donde enseñas antes de que comience la clase; otras, tendrás que analizar rápidamente el salón y tomar ágilmente una decisión para sacar el mayor provecho posible del lugar que te ha tocado. Cultiva el hábito de identificar potenciales distracciones, obstáculos y molestias, y encontrar formas para eliminarlos cuando sea posible.

**Encuentra el ambiente físico adecuado para cada actividad.** No siempre puedes controlar esto, pero sí puedes hacer lo más posible. ¿Puedes bajar las luces para hacer una oración meditativa? ¿Puedes cerrar la puerta del salón para que no se oiga el ruido del pasillo? Usa música de fondo bien elegida, asegurándote de que sea una ayuda y no una distracción.

Algunas veces tienes que usar tu creatividad para sobrellevar una situación que no puedes cambiar. El gimnasio de nuestra parroquia es una cámara gigante de hacer eco. Una vez que metes a 30 niños inquietos, se pierde toda esperanza de una clase en la que todos puedan oír. Si vamos a usar el gimnasio para tener juegos, nos reunimos primero en otro lugar, más silencioso, para dar indicaciones y resolver dudas.

**Decide previamente dónde y cómo van a hacer oración tus alumnos.** Estar de pie es una forma reverente para hacer unas pocas oraciones iniciales y finales, pero estar sentados funciona mejor cuando se trata de sesiones largas, especialmente de oración meditativa. Puedes reunir a todos alrededor de la mesa de oración. ¿Hay lugar para ello? ¿El traslado al lugar de oración y el regreso van a llevar más tiempo que la misma oración? Prevé todo eso y modifica tus planes según sea necesario.

**Distribuye los lugares de forma adecuada.** Los alumnos que se distraen fácilmente deben sentarse al frente y al centro, cerca del maestro. Esto les ayuda a permanecer atentos a la clase y te permite detectar rápidamente cualquier situación de potencial desorden. A los alumnos con mucha energía les ayuda realizar algunas tareas extra en el salón como repartir papeles, por tanto, tenerlos cerca hace más fácil ponerlos a trabajar.

A todos los alumnos les ayuda tener cerca a gente que les ayuda a permanecer concentrados en su trabajo. Observa y usa tu buen juicio. Algunas veces, permitir a los mejores amigos que se sienten juntos hará que se pongan a hablar y a enviarse recados en trozos de papel; pero también puede ser un grupo de amigos que se ayudan a esforzarse y a comprometerse en una sana competencia por obtener buenas calificaciones.

Presta atención a las amistades, los celos y las rivalidades. Si ves a un alumno aislado, dispón las cosas para que tenga un compañero de mesa adecuado. Tanto por consideración como para evitar conflictos, no trates de forzar una amistad entre dos alumnos que no simpatizan o cuyas personalidades son claramente incompatibles.

Da a los alumnos el suficiente espacio para cada actividad. Colócalos separados, cuando hagan un examen o una oración meditativa y cerca, cuando necesiten compartir libros o estén trabajando en un proyecto en equipo. A la hora de sentar a los alumnos, los adolescentes pueden escoger sus lugares, pero los niños necesitarán una guía. Procura ayudar de forma activa a los alumnos cuando des indicaciones como "hagan grupos de cuatro" o "hagan parejas".

**Usa señales concretas y visibles para comunicar tus expectativas.** Si necesitas que los niños se sienten en círculo, pon unas X en el piso, con cinta adhesiva, para mostrarles dónde quieres que se sienten o coloca tapetes y pídeles que elijan uno. Si quieres que los alumnos presten particular atención a una parte del salón, coloca los escritorios y las sillas de forma que miren naturalmente en esa dirección. Cuando muestres un video, asegúrate de que todos pueden ver y oír sin dificultad.

**Preparar el cuarto de forma que quepan todos los alumnos.** Si la disposición del cuarto no permite que un alumno con alguna discapacidad participe completamente en la clase o si se excluye a un alumno de las actividades planeadas, prepara otra vez la clase. Si no estás segura de las necesidades o capacidades de los alumnos, pregunta. En el capítulo 6 se habla de formas concretas para ayudar a los alumnos con discapacidades.

**Remueve las tentaciones.** ¿Cómo te sentirías si tus amigos te dieran la bienvenida a su casa, te ofrecieran un asiento muy cómodo y pusieran delante de ti una bandeja con *brownies* recién horneados, solo para fruncir el ceño y golpear con el pie el piso si te atreves a probar uno? Los alumnos sobreentienden que cualquier cosa que tú pones sobre su escritorio o mesa es para que la usen y porque les va a ayudar. Ellos pueden "ponerse a trabajar" en formas que tú no habías previsto a no ser que les des instrucciones precisas sobre cómo y cuándo deben usar esos objetos. Los objetos que sean particularmente tentadores no deben estar a la vista cuando no se estén usando. Si llevas imágenes u otros objetos llamativos, no los tengas a la mano a no ser que quieras que los alumnos los vean.

Puedes aprovechar la fuerza de la curiosidad dejando al alcance de su mano las cosas que quieres que exploren: Biblias, un crucifijo, las palabras de una oración escritas en un póster, etc. Estas "distracciones" son clases en sí mismas, especialmente con estudiantes mayores porque habrá ocasiones en que necesites enseñar temas que algunos alumnos ya conocen. Puedes permitir discretamente a los alumnos más avanzados que lean la Biblia, que trabajen en una tarea asignada o lean un libro en silencio. Cuando necesites que todos los alumnos nuevamente presten atención, pídeles que cierren sus libros, los coloquen al centro de la mesa o los guarden debajo de sus escritorios.

**Tu parroquia puede tener algunas políticas para los teléfonos celulares y otros aparatos electrónicos.** Si recoges los teléfonos de los alumnos durante el tiempo de clase, asegúrate de que la rutina al final de la misma incluya "devolver teléfonos" como una tarea específica a realizar. A mí me sirvió tener una "cárcel de celulares" fácil de ver cerca de la puerta (era una caja de zapatos de color llamativo); pero prefiero decir a los alumnos que, mientras yo no vea o escuche su teléfono, pueden conservarlo. Deben tenerlo apagado y guardado en su mochila o bolsa.

**Asegúrate de que las pausas para tomar agua o pasar al baño están bien definidas.** Si es posible, pide a los alumnos que vayan al baño antes de llegar a clase. Si tu clase es tan larga como para que una segunda pausa sea necesaria, inclúyela en tu horario. Este es un buen momento para que los alumnos trabajen en actividades independientes como una manualidad, una hoja de trabajo o ejercicios en su cuaderno.

**Utiliza "ritmo y rutina" para diseñar una clase que funcione bien.** Vamos a profundizar en este tema en los siguientes capítulos, pero aquí adelanto las tres ideas principales: 1) escoge actividades atractivas apropiadas para la edad y capacidades de tus alumnos; 2) dispón las actividades de forma que la clase fluya con facilidad; y 3) usa rutinas para ayudar a los alumnos a saber qué esperar y cuándo esperarlo.

**¡Lo anterior no es una lista exhaustiva!** Mantén tus ojos bien abiertos para detectar situaciones que puedan distraer a tus alumnos. Algunas veces podrás eliminar la distracción, otras tendrás que convivir con ella; pero pon lo mejor de tu ingenio para ayudar a tus alumnos a portarse bien.

---

**TERCER PRINCIPIO:**

## Los alumnos deben estar ocupados en una actividad concreta todo el tiempo

En cierta forma esto es parte del "ambiente", pero es tan importante que merece ser un principio en sí mismo. La siguiente es una regla que siempre se cumple:

**Si los alumnos no tienen nada que hacer,
ellos se buscarán algo que hacer.**

Planea tu clase de forma que haya un flujo constante de actividades, incluyendo algunas tareas extra para alumnos que terminan su trabajo más pronto.

"Mantenerlos ocupados", no significa entretener a los alumnos con circos y acróbatas. Las actividades de clase que mantienen ocupado al alumno incluyen trabajos adicionales, lectura en silencio, limpiar el mobiliario o rezar una oración usando una tarjeta o un libro de oraciones. Siempre ten algo para que tus alumnos lo hagan y dales instrucciones claras sobre cómo hacerlo.

Dado que la buena planeación es una parte tan importante de la disciplina en el salón de clase, vamos a dedicar varios capítulos más adelante para ver en detalle cómo construir una clase que elimine los tiempos muertos. Algunas veces, sin embargo, no podrás controlar el horario de tu clase. Te verás estancada, sentada y esperando. Quizás hay una presentación especial, pero quien la debe dar se ha retrasado cinco minutos. O tu salón iba a tener un encuentro con el diácono de la iglesia a mitad de la clase, pero el grupo anterior aún no ha terminado y tienes a 35 niños ociosos en el vestíbulo esperando a que vuelva. Si no piensas rápidamente en algo para llenar esos cinco minutos, los niños van a comenzar a jugar a los encantados antes de que puedas decir, "¡dejen de jugar con las cosas del coro!".

Y debes ser el líder. Haz una actividad que no requiera artículos escolares y que se pueda interrumpir en cualquier momento. Puede ser cualquier cosa: pedir a los niños que hagan una oración espontánea por sus mascotas, por los miembros de su familia o por los próximos exámenes en la escuela; jugar "Veo veo" o a "Veinte preguntas"; hacer preguntas a los niños sobre la Biblia u organizar un juego en el que puedan dar respuestas breves a preguntas simpáticas sobre ellos mismos. Si tienes facilidad para la música o para las marionetas, es un buen momento para improvisar un coro o para hacer una breve función. Es también un buen momento para hacer preguntas de cualquier tipo sobre la fe. Incluso si no sabes la respuesta, puedes anotar la pregunta y buscar la respuesta más tarde.

## ¿Puede un catequista tradicional competir en la era digital?

En estos días, hay cierta ansiedad en los círculos de Educación

Religiosa sobre cómo captar la atención de niños que pasan constantemente de un juego o actividad electrónica a otro. ¿Necesitan los catequistas tener la último en tecnología para poder enseñar? Es rara la parroquia que puede ofrecer los mismos aparatos electrónicos que los niños tienen en la escuela o en casa.

Deja que esta sea tu arma secreta. En vez de tratar de encajar en el mundo digital, mantente fuera ofreciendo una convivencia humana, es decir, da a los alumnos la oportunidad de aprender y explorar el mundo real, usando su propia imaginación, compartiendo sus propias ideas y recibiendo la atención de un adulto para el que ellos son importantes y que está deseoso de escuchar y compartir con ellos experiencias de la vida real.

Pero ten cuidado, mientras buscas que los alumnos tomen un papel activo en clase, no caigas en la tentación de dejar que ellos hagan la clase. Tú eres el adulto y debes dirigir la mayor parte de las actividades; tienes el conocimiento, las habilidades para explicar las cosas y el sentido del ritmo que te permite mantener la clase en movimiento interpretando las señales que mandan los alumnos. Limita las presentaciones de los alumnos a cerca de cinco minutos por sesión. Eso significa 10 alumnos de segundo grado que muestran las fotos de su bautismo, cinco alumnos de quinto grado que hablan de los tres hechos principales de la vida de un santo o dos alumnos de preparatoria explicando lo que hicieron en su proyecto de servicio durante la pausa de primavera. Da solo el tiempo estrictamente necesario a esos alumnos que desean estar un poco bajo los reflectores para hablar de sus cosas; pero no tanto que agotes la paciencia de los demás alumnos que discretamente hacen garabatos en sus cuadernos mientras esperan una exposición de mayor calidad para volver a prestar atención.

# Los alumnos necesitan saber claramente qué se espera de ellos.

Nadie ha nacido sabiendo exactamente cómo hacer las cosas. Incluso hábitos tan sencillos como esperar el propio turno en una conversación o decir "por favor" y "gracias" deben enseñarse. Y una vez que hemos aprendido lo que debemos hacer, algunas veces necesitamos que nos lo recuerden. Cómo catequista, vas a tener que enseñar explícitamente a tus alumnos qué es lo que esperas de ellos en el salón de clase. Algunas veces también tendrás que enseñarles normas sociales que tú crees que deberían haber aprendido ya en sus casas. En el siguiente capítulo, veremos la importancia de usar siempre los mismos procesos o rutinas para simplificar las clases. En este momento, concentrémonos en el tema del mal comportamiento.

No esperes a que los alumnos se porten mal para comenzar a comunicarles lo que esperas de ellos. Al inicio del año escolar, *haz que los mismos alumnos elaboren una lista con las reglas para las clases.* Al hacer su propia lista están diciendo que entienden las normas básicas y les da un sentido de pertenencia de las mismas. Piensan: *estas no son solo las normas del maestro, son también mías.*

Al preparar la lista, procura que no esté sobrecargada. Explícales cómo muchas reglas pequeñas se pueden resumir en algunos principios fundamentales. Las normas "no rayes tu libro", "no dibujes en los escritorios" y "no muerdas la goma" pueden resumirse en una sola norma: "cuidaremos el mobiliario del salón de clase y los útiles escolares". Escribe la lista final en un póster de forma que los alumnos puedan tener un recordatorio visible de las normas que ellos mismos redactaron. Todos los miembros de la clase –alumnos y maestros– deben poner su firma en la parte de abajo del póster para expresar su compromiso por observar las normas que ellos mismos han dado.

Cuando estás dando una sola sesión de clase, por ejemplo, cuando hay algún evento especial o cuando estás sustituyendo a otro maestro, no te darás el lujo de crear una lista de normas. Puedes comenzar con un breve recordatorio de las principales normas como "Vamos a comenzar ahora. Por favor, recuerden que debemos sentarnos sin hacer ruido y debemos levantar la mano antes de hablar". Si la clase comienza a salirse de control, detén la exposición y haz un breve repaso de las normas.

**Antes de orar, repasa con los alumnos cuál es el comportamiento adecuado para esta actividad.** Al inicio del año, dirige una reflexión en común durante varios minutos sobre cómo debe uno comportarse mientras hace oración. Puedes pedir a los alumnos que tengan una postura apropiada para el tipo de oración que están haciendo. *¿manos juntas? ¿cabeza inclinada? ¿o los ojos sobre una tarjeta de oración o un crucifijo?* Enséñales cómo pasar las cuentas del Rosario de forma respetuosa, pues los niños querrán jugar con ellas como lo harían con cualquier cuerda, cadena o collar a no ser que tú les indiques lo contrario. A muchos alumnos es necesario recordarles que deben mantener ambos pies sobre el piso y no mecerse sobre la silla o inclinarse hacia su compañero de banco.

**A lo largo del año, será necesario recordarles a los alumnos cómo deben comportarse durante la oración.** Podrías decir: "Ahora vamos a rezar. Vamos a dedicar un momento a calmarnos y a concentrarnos en Jesús. Vamos a dejar nuestros lápices; ponemos las manos sobre nuestras piernas". Menciona algunas dificultades propias de la oración que se le pueden presentar a tu curso en particular. Por ejemplo, si tus alumnos suelen molestarse entre sí durante el tiempo de oración, podrías decir: "Vamos a mantener nuestras manos cerca de nosotros y vamos a respetarle a los demás su propio espacio".

**Cuando expliques a los niños cómo comportarse o cómo hacer una tarea, a menudo tendrás que mostrarles un ejemplo ya hecho.** Si estás explicando cómo hacer algunos movimientos o cómo hablar, usa tu propio cuerpo y voz para mostrar cómo debe hacerse. Si estás explicando cómo hacer una tarea escrita, pon un ejemplo en el pizarrón o haz un folleto explicativo.

Sé concreto y da a tus alumnos un ejemplo claro de lo que esperas. Si un alumno interrumpe o pide algo de forma descortés y tú le dices "pídelo con educación", le estás hablando de forma muy abstracta. ¿Qué es exactamente "con educación"? Quizás él creía que lo había pedido con educación. En vez de ello, prueba esto: *En nuestra clase se dice, "¿me prestas tu lápiz, por favor?"*. Cuando se trate de alumnos más jóvenes, exagera la entonación para que vean el cambio en la forma de hablar cuando se pide algo de forma educada. El alumno puede escoger entre imitar exactamente tus palabras o usar una aceptable variación ("por favor, préstamelo"), pero en ambos casos le has dado las herramientas necesarias para hacerlo bien.

**No tomes la ignorancia como un insulto ni la uses como un pretexto para humillar.** Algunos niños aprenden los buenos modales por sí solos; otros necesitan que se los enseñes de forma explícita y varias veces. Por eso tú tienes el privilegio de ayudarles en su camino para llegar a ser adultos. Los niños también son infinitamente creativos. No te sorprenda lo más mínimo tener que explicar cosas como, "no pongas tus pies sobre la cabeza de los demás", "no te sientes sobre el libro abierto para recordar en qué página te quedaste" o "no se reza el avemaría con efectos especiales".

**No importa si tu alumno ya sabe que no debe meterse los crayones en los oídos o si lo escucha por primera vez.** Cuando identifiques un error de comportamiento, simplemente dile cuál es el comportamiento correcto. Mientras más serena y menos enojada des el mensaje, más serás tomada en cuenta. Si lo que el alumno quiere es llamar la atención, lo último que debes hacer es mostrarte impaciente, enojada, preocupada o sorprendida.

**Cuando corrijas, no humilles.** Incluso el niño más simpático de la clase se va a sentir herido y mortificado si se le reprende de forma inesperada. Cuando tengas que corregir, hazlo con amabilidad, recordando que tú también te equivocas o que a veces no sabes qué hacer. Cuando un alumno claramente no se comporta como un niño de su edad, es mejor hablar con él en privado.

Ten presente que los niños no tienen todavía formado su sentido de proporción. El mismo niño que cree que no tiene nada de malo estar golpeando a su vecino durante toda la clase, podría romper en llanto si se le dice "usa tu crayón rojo" y él solo tiene en su caja uno morado y otro azul. A los niños es necesario decirles: "esta es una norma muy importante, por esta razón…". Y del mismo modo, "no hay problema si no haces esta tarea exactamente como yo digo" o "no te preocupes si no alcanzas a terminar este trabajo escrito en el tiempo previsto".

## ¿Cuán estrictas deben ser las normas?

Una de las dificultades al enseñar a los niños cómo comportarse y al establecer expectativas para el salón de clase es que los adultos tenemos normas muy definidas. En el salón de clase, damos respuestas, interrumpimos a quien enseña con preguntas o de forma silenciosa consultamos a otros. Tenemos modos de comportarnos muy formales para ciertas situaciones y otros más sencillos para otras circunstancias. Cuando eres nuevo –o nuevo para la edad del grupo al que te toca enseñar– es posible que no tengas una idea clara sobre el tipo de normas que se necesitan para mantener el orden y el respeto recíproco. Ninguno de nosotros quiere ser más estricto de lo necesario. Debes saber que con la mayoría de los grupos formados por alumnos de la escuela elemental, vas a necesitar ser muy firme a la hora de pedirles que levanten su mano y esperen su turno para hablar. Si crees que el grupo tiene la madurez suficiente como para darle más libertad (algunos adultos no la tienen), haz una prueba dejando correr una discusión abierta por un poco de tiempo. Si hay momentos en la clase en que no se exige a los alumnos que levanten la mano para hablar, sé clara diciéndoles si están en un tiempo en que deben levantar la mano o no.

Los alumnos de la misma edad pueden tener diversos grados de madurez y energía. Puedes hacer reglas exigentes y rápidas para un grupo teniendo en cuenta las personalidades que ahí se han reunido. Por ejemplo, permitiste a los alumnos trabajar en equipo para hacer una determinada tarea, solo que por alguna razón estos niños dan sus puntos de vista haciendo tanto ruido que casi haría falta utilizar audífonos industriales para protegerse del ruido. Ellos no saben lo que significa "no griten" o "bajen la voz". Por tanto, para ese grupo vas a tener que poner la norma de que no pueden hablar mientras trabajan en esa tarea.

### QUINTO PRINCIPIO:
## Exige las normas

No puedes controlar a tus alumnos. No puedes. Puedes animar a los niños con decisión para que se porten bien, pero al final del día (y la religión a menudo se enseña al final del día), los seres humanos tienden a la libertad natural. Lo que sí puedes controlar es tu forma de reaccionar ante el comportamiento de ellos. Exigir las normas, hacerlas respetar, es mostrarte decidida a mantener un salón de clase en el que todos se respeten y haya paz.

Recuerda que el enojo y la falta de control de tu parte solo harán que el conflicto empeore. Tampoco puedes simplemente ignorar las pequeñas transgresiones con la esperanza de que desaparecerán por sí solas. Veamos algunas maneras de reaccionar con serenidad ante situaciones que suelen presentarse. Eso nos permitirá poner una solución antes de que las cosas se salgan de control.

**Los alumnos están hablando en clase.** Camino y me coloco cerca de ellos mientras sigo enseñando. *Probablemente no necesite decir nada.* Mi sola presencia les dice, "ya los oí, los estoy escuchando y eso no está bien".

**Dos alumnos se están mandando mensajes en trozos de papel durante la clase.** Tomo el mensaje y lo pongo en mi bolsa. *Probablemente no necesite decir nada.* Lo que hice en sí mismo les dice, "vi lo que están haciendo y no está bien, no voy a dejar que lo sigan haciendo". No leas la nota a toda la clase. Eso es humillante y es una falta de respeto a los implicados, además, interrumpe la clase. Tus alumnos están aquí para aprender sobre Cristo y no para saber si este o aquel niño es guapo. El drama engendra drama. Si comienzas a humillar a los alumnos que se portan mal, los demás van a aprender de ti y van a hacer lo mismo.

**En la clase van a ver un video y algunos alumnos están inquietos durante la proyección.** Haz una señal para recordar a los alumnos que deben estar quietos durante la película. Con alumnos más pequeños, haz un breve repaso de las normas antes de que la película empiece: ¿nos columpiamos sobre la silla durante la película o nos estamos quietos?, ¿hablamos y hacemos ruidos o vemos la película en silencio?, ¿molestamos a los demás o mantenemos nuestras manos quietas?, ¿si necesitamos hacer una pregunta, qué hacemos? Advierte a los alumnos que aquellos que no puedan estar quietos en su lugar, harán una tarea en el corredor en vez de estar con el grupo.

**Un alumno está golpeando con un lápiz la mesa distraídamente y está distrayendo a otros.** Detente y di, "por favor, deja de golpear la mesa". Después sigue dando la clase. Una sencilla y serena petición es señal suficiente de que hay una norma y que debe respetarse. Si el alumno sigue (a veces es muy difícil controlar cierto nerviosismo), puedes silenciosamente quitarle el lápiz hasta que sea hora de escribir. Ten presente que algunos alumnos necesitan moverse. Permíteles que lo hagan con un sustituto silencioso, como golpearse la palma de la mao con los dedos. También trata de incluir más actividad física en tu programa. La base de la disciplina está en que comuniques a tus alumnos, de forma sencilla y serena, cuán importante es esta para ti. Cuando sea necesario, puedes dar un paso más:

○ Separa a los que están hablando o se están portando mal.
○ Remueve la tentación. Quita los útiles de aseo o los objetos que los alumnos están dañando o utilizando para molestar a otros.
○ Pide al niño que se está portando mal que se siente en una silla junto a la pared, aparte de donde están todos los demás.
○ Pide a los alumnos que están haciendo ruido o distrayendo a los demás durante la película que se sienten en el pasillo y hagan tareas escritas.

**A alumnos muy pequeños, puedes pedirles que hagan algo para, en el fondo, conseguir otra cosa.** Para hacer que los alumnos dejen de molestarse, da una indicación como "cierren las manos" o "pongan las manos sobre sus rodillas". Esto será una especie de "tiempo fuera". Si un alumno está moviendo los pies (los niños a menudo lo hacen sin darse cuenta), pide al niño que ponga sus pies sobre el piso, asegúrate de que la punta del pie está tocando la alfombra o pídele que se siente con las piernas cruzadas. Procura estar siempre atento a tu objetivo y evitar luchas de poder. Con que el niño logre controlar de forma aceptable su cuerpo es suficiente, no tiene que ser exactamente como tú dijiste.

Si el alumno se toma a broma tu indicación –por ejemplo, arrastrando sus pies sobre la alfombra y acercándolos a su vecino–, entonces se trata de otro tipo de problema. A corto plazo, lo que puedes hacer para conservar la disciplina, es pedirle que se siente aparte de los demás o, si es necesario, que salga un momento al pasillo o vaya a la oficina del DER. Pero el problema de fondo es que el alumno quiere llamar tu atención, lo cual es una buena señal porque quiere decir que eres el líder. Da un vistazo al capítulo 4 para ver algunas formas eficaces de ganar la atención de los niños en clase. Mientras tanto, muéstrate tranquila e indiferente y dirige tu atención a los alumnos que se están portando bien.

**Una respuesta firme a interrupciones frecuentes e intencionales marca la pauta para todo el salón.** Elaine Bonacci usa imanes con los nombres de los alumnos para mostrar el comportamiento de cada uno. Cuando los alumnos se portan mal, reciben una advertencia. Si no se corrigen, el alumno mueve su nombre a la columna de "peligro". Si lo hace por tercera vez, se le aplica una consecuencia previamente acordada, como sacarlo de clase y mandarlo a la oficina del DER.

Chirstian LeBlanc enseña a alumnos con más edad y está de acuerdo en que es importante insistir en el respeto mutuo: "Si tengo a alguien que está distrayendo en clase y no responde a las buenas formas…, le digo que no voy a permitir que interfiera en el aprendizaje de los demás". El niño que está causando el problema es enviado a la oficina del DER o se le cambia de grupo. "He sacado de clase a más de un niño por año. Siempre han regresado mejorando su comportamiento".

Ten presente que una "respuesta firme" no significa gritos y amenazas. Significa comunicar con claridad las expectativas y después aplicar consecuencias razonables dependiendo de la gravedad de la falta. Cuando el alumno vuelve, se le acoge sinceramente. Si tienes alumnos con problemas de comportamiento, en el capítulo 6 hay algunas sugerencias sobre cómo fijar normas razonables y cómo adaptarse a la falta de capacidad del alumno para comportarse de acuerdo con su edad.

### Cómo controlar a los que hablan: técnicas para calmar a un grupo ruidoso

¿Qué hacer cuando a tu grupo simplemente le gusta mucho hablar? No están queriendo portarse mal, simplemente tienen muchas cosas que decir y una gran necesidad de hacerlo. Irónicamente, a menudo son las clases más interesantes las que provocan que los alumnos hablen mucho: les llama tanto la atención lo que se está explicando que no pueden contener su entusiasmo. Tu curso puede aprender a calmarse rápidamente con una combinación de buena comunicación y práctica para seguir tus señales.

Al inicio del año escolar o del curso, enseña a los alumnos tu señal para el silencio. Podrías explicarles que cuando levantas la mano, es la señal para que dejen de hablar. Una vez que conocen la señal, practícala. Haz que los alumnos hablen entre sí por unos segundos, luego levanta tu mano para hacer la señal de silencio. Puedes usar este ejercicio como una preparación para orar. Haz que los estudiantes practiquen siguiendo la orden de pasar del ruido al silencio, de la actividad a la quietud, de estar ocupados a una actitud de oración.

Algunas veces los alumnos se cansan y saturan, y puedes intuir que ayudaría una pausa para después retomar la clase. Si es así, di a los alumnos que van a interrumpir todo por un momento para retomar la clase después. Si te es posible, baja la intensidad de las luces y pídeles que apoyen sus cabezas en las mesas, si crees que esto puede ayudarles; después haz que la clase trate de estar completamente en silencio y quieta durante treinta segundos. Serán necesarios varios intentos hasta que todos se queden completamente quietos durante treinta segundos. Pide al grupo que confirme con un gesto silencioso que están listos para retomar la clase de forma serena y respetuosa.

Tomando como muestra un lapso mayor de tiempo, si tu grupo está hablando constantemente sin control, pregúntate si hay elementos de la clase que necesiten replantearse. ¿Tienen los alumnos oportunidad de compartir sus ideas y de hablar en algún momento? ¿Las actividades que realizan son las adecuadas para su edad y energías? ¿Tienes una rutina bien definida que haga la clase sanamente predecible? ¿Estas enseñando material nuevo e interesante de forma que los alumnos no se aburran porque las mismas clases se repiten año tras año? Si es un grupo que fácilmente se pone a hablar, escoge actividades que permitan a los alumnos compartir sus ideas y dialogar. En el capítulo 4, se presentan trabajos en equipo, concursos de preguntas y respuestas breves y ejercicios de memorización. Todo ello puede dar a los alumnos oportunidad de aprender mientras hablan, aunque estén en el tiempo de clase.

## Callejones sin salida: cosas que se deben evitar a la hora de hacer respetar las normas

Hay dos campos en los que los catequistas deben andar con cuidado. El primero es la oración: ¿es correcto usar la oración como castigo por un mal comportamiento? El segundo son las disculpas: ¿puedo insistir en que un alumno se disculpe cuando ha hecho algo malo? Ambas pueden ser parte de una buena corrección para un alumno que se ha portado mal, pero también pueden hundir fácilmente a la clase en serios problemas espirituales y en una gran confusión emocional.

Vamos a comenzar con la oración, porque la respuesta es muy sencilla: nunca uses la oración como castigo. Hacerlo es abusar enormemente de un gran don. Pero cuando la clase está teniendo muchos problemas para respetar la disciplina, puede ser bueno detener la actividad y pedir ayuda. Por supuesto, puedes y debes orar en silencio para pedir luz. También puedes pedir a la clase que haga un poco de oración. Pide a los alumnos que hagan una pausa, que pongan todo sobre la mesa y digan de memoria una oración que todos sepan, como el padrenuestro.

El segundo tema es más complicado. El arrepentimiento y el perdón son fundamentales en la vida cristiana y por ello los maestros (y también los papás) comprensiblemente quieren enseñar a los niños a pedir perdón. El problema en el salón de clase es este: las disculpas no pueden forzarse.

En ciertos casos puede ser apropiado pedir a un alumno que escriba en un papel una disculpa. Pregunta al DER o al párroco si una determinada situación requiere una disculpa escrita y si la parroquia puede pedirla. Personalmente creo que es un tema delicado; el alumno sabe que ha hecho algo malo y era suficientemente maduro como para haber evitado el mal comportamiento. No puedes obligar al alumno a escribir la nota, pero puedes pedir que no se una a la clase nuevamente hasta que no lo haya hecho.

**Pedir una disculpa en voz alta a toda la clase no es una buena idea.** Hacer eso es crear otra oportunidad para más faltas de disciplina, como puede ser dar disculpas tontas, falsas o irrespetuosas. Eso fomenta un deseo de protagonismo y toma tiempo y atención que pertenecen más bien a la clase (obsérvese que pedir una disculpa en voz alta es a menudo una estrategia apropiada para los papás en casa; pero por las razones aquí explicadas no es una buena opción para el salón de clase).

De cualquier forma, un alumno puede decidir pedir disculpas de forma espontánea. Si sucede, acepta la disculpa con sencillez y amabilidad. Un "te perdono" o "gracias por disculparte" es suficiente. Si todavía estás molesta por el incidente o si sospechas que el alumno no está siendo sincero, ¡mantén la boca cerrada! Las réplicas infantiles, el sarcasmo y los regaños innecesarios nunca son apropiados en un salón de clase. Si un alumno da una disculpa falsa o irrespetuosa, préstale la menor atención posible y sigue enseñando.

Puedes evitar que los alumnos se porten mal mostrando cierta indiferencia, reaccionando como si la travesura no tuviera mayor importancia y volviendo rápidamente a cosas más importantes. Guarda tu energía y entusiasmo para los alumnos que se están portando bien.

---

### SEXTO PRINCIPIO:
## ¡Motiva a tus alumnos!

No es fácil ser bueno todo el tiempo. Todos necesitamos amigos, apoyo y que nos animen. Puedes motivar a tus alumnos creando incentivos por buen comportamiento, estableciendo una relación personal con ellos o simplemente animándolos con frases positivas.

### ¿Es bueno usar un sistema de incentivos?

Hay muchos y complejos sistemas diseñados para premiar el buen comportamiento en clase: tarjetas de colores, recuerdos y sistemas de puntos que permiten a los alumnos ganar premios o medallas. En sí mismos no son un sistema de disciplina. Para que funcionen es necesario que todos los elementos de la disciplina estén en su lugar; pero para algunos alumnos y maestros, los sistemas de puntos y recompensas pueden ser una buena ayuda. Si encuentras un método que sea sencillo, fácil de manejar y con el que tanto tú como las demás catequistas se sienten a gusto, y además tus alumnos responden bien, úsalo sin pensarlo demasiado.

La motivación basada en incentivos no debe ser complicada y no debe implicar actividades extra más allá del salón de clase. Veamos los tres elementos de un buen sistema de incentivos:

**1. Reconocimiento inmediato.** Si tus alumnos se portan bien, házselos saber. Unas simples señales verbales o físicas, como sonreír, hacer contacto visual y decir, "esa fue una buena respuesta" o "gracias por esperar" son formas de expresar reconocimiento. Si vas a utilizar un sistema formal de incentivos, puedes llevar en el pizarrón el control de los puntos o usar un sistema más estable como un póster con estrellas o un frasco con piedras pequeñas como el que describiremos más adelante.

**2. Premios postergados pero que se dan dentro del periodo de clase.** Al final de la clase o al final de un segmento de clase, reconoce y recompensa el buen comportamiento. Una simple alabanza o comportamiento amable son esenciales y nunca deben despreciarse. Cuando estés planeando tu clase, una manera sencilla de motivar a los alumnos es poner una actividad divertida al final. Mientras mejor se porten, más tiempo tendrán al final de la clase para la actividad que les gusta.

¿Qué les gusta a tus alumnos? Algunas catequistas ofrecen dulces o premios como recompensa en cada clase, pero esto no siempre es realista ni es una opción deseable. Posiblemente a los papás no les guste el desorden en las horas de comer o la comida chatarra, y probablemente el presupuesto del catequista no permitirá demasiados premios. Los niños que de por sí ya tienen muchos dulces y juguetes en casa, pueden no sentirse muy motivados. Los mismos alumnos a menudo anhelan motivaciones más profundas y personales. Por ejemplo, he conocido a estudiantes que se entusiasman con la música, con las marionetas, con los juegos de preguntas y respuestas, con debates sobre temas que les tocan de cerca y, todavía más para mi sorpresa, con la meditación. Los niños más pequeños disfrutan ganando calcomanías y coleccionando otras pruebas tangibles de su buen comportamiento, a menudo por una razón tan sencilla como llevarles a sus padres una satisfacción.

**3. Premios que se dan después de varias semanas o al final del semestre.** Guarda los premios más grandes para metas que requieren más tiempo para ser alcanzadas. Una forma de recompensar, sin costo alguno, a todo un grupo por haber completado una de las unidades del curso, es tener un día de juego. Da tu clase, pero en forma de juego, utilizando recursos sobre la Biblia o el catecismo. Otro posible premio es un día de merienda, en el que los alumnos puedan llevar algo al salón para compartirlo con los demás (avisa a los papás si hay algunas restricciones debidas a alergias, intolerancias o peligros de asfixia). Si tienes un presupuesto para premios, puedes dar tarjetas religiosas, separadores de libros, medallas u otros regalos dejando intervalos apropiados, por ejemplo, después de haber ganado cierta cantidad de puntos, de haber completado un número de lecciones o de haber memorizado algunos versículos de la Biblia.

Si tienes planeados incentivos a largo plazo para niños pequeños, encuentra una forma de dar seguimiento, de forma visible, a su progreso, por ejemplo, usando una gráfica de barras pegada a la pared que poco a poco se va coloreando. Las catequistas Dorian Speed y Elaine Bonacci suelen utilizar un frasco con piedras pequeñas para dar seguimiento al progreso en aspectos disciplinares. Las piedritas se ponen en el frasco cuando el maestro ve que los alumnos se están portando bien y puede sacarlas cuando se están portando mal. La maestra Speed advierte que sacar las piedritas del frasco puede ser contraproducente. "Soy contraria a castigar a todo el grupo por lo que hicieron unos cuantos, porque con ello se refuerza su papel de manzanas podridas en el salón de clase". La maestra Bonacci, por su parte, subraya que añadir las piedras debe ser siempre una decisión exclusiva de la maestra, de lo contrario los alumnos comenzarán a pedir ¡más piedras! Cuando el frasco se llena, la clase recibe el premio prometido.

## Cómo encontrar los incentivos que les gustan a tus alumnos

¿Cómo sabes si tus alumnos se van a interesar en un premio en particular? Algunos alumnos aman la música, a otros les tiene sin cuidado; algunos se entusiasman con los juegos de preguntas, a otros les aburren o asustan. Un año, mis alumnos de quinto grado me pidieron que al final de cada clase les dejara encender velas, poner música tranquila y orar. Al año siguiente, tuve un grupo con tanta energía que nunca intentamos algo tan tranquilo y meditativo para la oración. ¿Qué sucede si planeas dar un determinado premio, pero se convierte en un castigo?

En los programas de verano y de los días de descanso, nuestro currículo tiene siempre mucha diversión, por lo que siempre que planeo un juego o manualidad para la segunda mitad de la clase, generalmente funciona bien. Llevo siempre un paquete de emergencia con hojas de colores y juegos de palabras por si a algún niño no le gusta la actividad que elegí.

El año escolar ordinario es más serio y tiene un carácter más académico. No puedes, por ejemplo, dar vueltas en el gimnasio y jugar con el balón durante veinte minutos en cada clase. Me gusta empezar el semestre con los ojos y los oídos bien atentos. Analizo a mis alumnos para determinar: ¿cuánta actividad van a necesitar?; conforme van pasando las clases, ¿qué tipo de actividades les gustan más?; ¿qué partes de la clase les resultan más difíciles? Si tengo varias opciones en mi mente sobre cómo puedo terminar la clase, después de observar al grupo por media hora, puedo adivinar con suficiente precisión la mejor forma de hacerlo. Durante varias semanas, ajustamos la rutina diaria. Si las cosas no fluyen con naturalidad, procuro cambiar y hacer una mezcla de diversos tipos de actividades que me parece los estudiantes podrían disfrutar. Cuando encontramos una que les gusta a todos, la convierto en incentivo.

## La relación personal con los alumnos

No tiene nada de malo usar incentivos materiales, pero la motivación genuina es algo mucho más personal. Los alumnos necesitan saber que tú te preocupas por ellos, te interesas por saber quiénes son y por lo que van a decir, y que te alegra sinceramente verlos cada semana. Acoge a tus alumnos cuando lleguen, haz contacto visual con ellos y sonríe. Busca oportunidades para hablar con cada uno personalmente. Puede ser una sencilla alabanza, un cumplido o una pregunta sincera: "¿cómo estás?", "¿cómo te fue en tus vacaciones?", "¿qué tal te va en la escuela?" o "¿cómo está tu familia?".

Los alumnos más pequeños o menos maduros necesitarán más palabras de aliento para trabajar bien durante toda la clase. Tus palabras de motivación deben ser claras, explícitas y expresadas de forma cordial, con una mirada alegre. Reconoce el esfuerzo de tus alumnos: "Sé que no es fácil estar bien sentados todo el tiempo. Están haciendo un buen trabajo". Confórtalos recordándoles que no falta mucho tiempo para terminar: "Debemos hacer otra página y después pasamos a la siguiente actividad". Agradece a los alumnos al final de la actividad o de la clase: "Hoy estuvieron muy atentos. Su esfuerzo hace que la clase sea más agradable".

Es fácil perder la paciencia con un alumno inquieto y difícil. Pero, ¿qué sucede si un alumno viene a tu clase semana tras semana, tratando de participar de la mejor manera posible, pero con frecuencia se distrae y se porta mal? Es una invitación a hacer un nuevo amigo.

Los seis principios de la disciplina son, a final de cuentas, seis formas de ponerte al servicio de tus alumnos. Ellos necesitan saber, por el ejemplo que das, por la calidad de tus clases y por tu sincero compromiso por crear un salón de clase alegre y sereno, que estás de su lado y esperas lo mejor de ellos, sin importar qué sea exactamente.

Hemos hablado varias veces del papel tan importante que juega la planeación de clase para llevar a cabo ese compromiso. Veamos ahora en qué consiste el "ritmo y rutina", los dos principios sobre los que debe construirse un plan de clase.

# 3

# Cómo hacer una clase que de verdad funcione: ritmo y rutina

Una clase bien planeada crea el ambiente adecuado para que los alumnos se porten bien. ¿Alguna vez has visto a un niño travieso tratando de hacer un pastel? Al igual que cuando se hace un pastel, no basta con poner todos los ingredientes sobre la mesa y esperar lo mejor. Llegar a clase con una lista de ideas, pero sin estrategia, creará el mismo caos (e indigestión). "Ritmo y rutina" son los elementos fundamentales en la planeación de una clase. Úsalos para darle una estructura a tus clases y para no desperdiciar inútilmente el tiempo de clase.

## Ritmo: el paso al que camina tu salón de clase

El **ritmo** consiste en tomarle el pulso a tu clase: sus altas y bajas, sus momentos de silencio y de ruido, de intensa actividad o de calma. Uso un buen ritmo para planear una clase que fluya con naturalidad de una actividad a otra. El paso debe ser cómodo, ni pesado o complicado, ni precipitado o frenético.

Para cada clase escojo una combinación de actividades que se complementen entre sí, como una receta de cocina bien balanceada. Debe haber momentos de intenso aprendizaje y en los que se llega a dominar ciertas habilidades, y tiempos para relajarse y digerir lo que se ha aprendido. Debe haber tiempo para que los alumnos más chicos puedan tener cierta actividad física y para que los mayores puedan hablar y debatir. Debe haber oración. Ese tiempo de oración debe ser suficientemente largo para permitir a los alumnos entrar en contacto con Dios, pero no tan largo como para que se aburran o pongan nerviosos. Dispongo las actividades que elegí en un orden progresivo y de forma que se pierda el menor tiempo posible en transiciones.

Quizás puede ayudar a entender mejor lo que es el ritmo de clase si vemos algunos ejemplos de "menús". En unos momentos veremos el plan de una clase que usa el ritmo de forma adecuada; pero primero veamos qué son las rutinas y por qué son importantes.

## Rutina: el motor que mantiene a tu salón de clase en movimiento

Una **rutina** consiste en hacer las cosas siempre de la misma forma. Algunas veces usamos la palabra "rutina" como sinónimo de "aburrido" o "tedioso", pero ¡las rutinas no son para eso! Imagínate si todos los días que fueras al supermercado tuvieras que descubrir a dónde se movió ahora la caja, cuál moneda está aceptando la tienda esa semana y si necesitabas hacer un prepago o si puedes simplemente llegar a la caja y pagar. Comenzarías a desear una situación más predecible, ¿verdad? Usamos rutinas todo el tiempo en nuestra vida diaria, para que todo se haga más sencillo, desde vestirnos hasta conducir al trabajo.

Lo mismo se aplica al salón de clase. Las rutinas son herramientas que le dan vigor a tu clase:

○ Los alumnos se sienten más seguros porque saben qué es lo que deben hacer y saben que lo están haciendo bien.
○ El tiempo que se ocuparía en dar instrucciones detalladas, puede dedicarse a clases y actividades interesantes.
○ Los maestros pueden responder rápidamente a preguntas que

no estén relacionadas con la clase como, "¿me permite ir al baño?" sin desviarse del tema que están explicando.

○ El paso de una actividad a otra se hace de forma más natural porque los alumnos saben qué deben hacer y cómo.

Las rutinas eliminan el temor a que la clase vaya a ser aburrida, de forma que puedes dedicar toda tu energía y atención a enseñar bien. Hay dos tipos de rutinas: la **rutina general**, que es un esquema básico para toda tu clase, la cual la puedes seguir semana tras semana; y las **rutinas particulares**, que son para tareas específicas que se tendrán seguramente o que pueden necesitarse en algún momento.

## La rutina general

Toda la clase puede desarrollarse siguiendo una rutina general que ayude a los alumnos a anticipar lo que viene después. Las actividades variarán de una semana a otra, pero pon el mismo tipo de actividades en el mismo orden cada semana.

### Ejemplo de rutina

1. Dibujar en hojas de papel, pasar lista
2. Oración inicial
3. Contar un pasaje de la Biblia
4. Reflexionar sobre el pasaje de la Biblia
5. Hacer una manualidad relacionada con la Biblia
6. Recoger
7. Oración final
8. Formarse para terminar la clase

Esta es la rutina general que utilizamos para un programa de vacaciones de estudio bíblico tenido al final del día:

## *Ejemplo de rutina*

1. Los alumnos llegan al salón principal, escogen una hoja para colorear o un crucigrama, mientras esperan a que la clase comience.
2. Inicio de la clase: oración, música e introducción al santo y a la virtud del día.
3. Traslado al salón donde se tiene la representación teatral de una escena bíblica.
4. Traslado al salón de manualidades para hacer un trabajo en equipo.
5. Regreso al salón principal (dado que es el que está más cerca del salón de manualidades) para dar las instrucciones para el juego de esa noche.
6. Traslado al piso de abajo, al gimnasio, para el juego de quemados.
7. Traslado nuevamente al piso de arriba, al salón principal.
8. Breve reflexión en común y memorización de versículos de la Biblia. Despedida.

Si sigues el mismo esquema semana tras semana, eso ayudará a tu clase a trabajar de forma más constante. Cuando haya semanas en que vaya a cambiar la rutina, puedes planear esos cambios fácilmente y comunicarlos a los alumnos. En la rutina del estudio bíblico que acabamos de presentar, a menudo teníamos pequeños contratiempos. Fuimos flexibles con las actividades que teníamos en el salón principal: las acortábamos o alargábamos según parecía necesario. Los alumnos usaban la pista, bastante predecible, del cambio de salón para deducir cuál era la siguiente actividad.

## Las rutinas de clase crean suspenso

A veces pensamos que "suspenso" en sinónimo de "no tengo ni la menor idea de qué va a suceder". ¡Pero eso no es verdad! Una película de suspenso no es interesante por el hecho de que entramos al cine sin saber si va a haber una pelea con el malo, una presentación con música variada o una emotiva lectura del discurso de Gettysburg. Una película suscita el suspenso cuando sabemos que el malo ha entrado en la casa y sabemos que el héroe va a pelear contra él... pero no conocemos todos los detalles.

Si los alumnos saben que al final de cada noche va a haber un pequeño juego, eso los motiva a darse prisa, de forma que haya el mayor tiempo posible para el juego. Si saben que la historia de la Biblia solo dura diez minutos, es mucho más fácil que estén bien sentados en el minuto nueve a que lo hagan cuando no saben cuánto va a durar aquello.

Puedes añadir suspenso de forma intencional dando pistas al inicio de la clase, las cuales no serán respondidas sino hasta más tarde durante el periodo de clase (por ejemplo, "Vamos a leer sobre un héroe de la Biblia que fue arrojado al mar. ¿Saben quién es?"). Pero calcula bien el tiempo de acuerdo con el temperamento de tus alumnos para que no se distraigan de clase tratando de resolver la adivinanza. Con niños más chicos, dar una pista justo antes del tiempo de merienda es una buena motivación para que coman y limpien rápidamente, de forma que puedan tener la respuesta.

## Rutinas particulares

Las rutinas también son importantes para las tareas particulares. ¡Una rutina para cada cosa! Cuando los alumnos llegan, ¿cuál es la rutina? Para mis alumnos de quinto grado la rutina era: *entren al salón de clase, saluden al maestro, tomen sus libros, su fólder y su carpeta que están en la caja al final del salón, siéntense y comiencen a trabajar en la tarea del cuaderno.*

*¿Cuál es la rutina para las pausas en que los niños pasan al baño?* ¿Deben presentar alguna credencial? ¿Deben levantar la mano y pedir permiso? ¿O se pueden levantar sin hacer ruido y pedirle permiso al asistente del salón? En el caso de alumnos más grandes, ¿necesitan esperar hasta que llegue el tiempo destinado para ello?

*¿Cuál es la rutina para la oración?* ¿Los alumnos deben ponerse de pie ante el crucifijo? ¿Se reúnen en un lugar concreto para orar? ¿Es necesario repartir rosarios? Si uno de los objetivos de la clase es practicar diversos tipos de oración, quizás la rutina debe ser quitar de la mesa los libros y útiles escolares, y después volver a sus lugares para recibir indicaciones.

*¿Cuál es la rutina para la despedida?* ¿Cuál es el procedimiento para asegurar que cada estudiante se va a casa con la familia correcta? Si se tienen grupos grandes, la despedida puede ser una de las partes más difíciles. Busca junto con tu DER o con tu párroco la forma en que eso se haga de la forma más sencilla posible.

**Desarrolla tus rutinas o procedimientos antes de que comience la clase.** Vas a tener que reservar tiempo para decirle a tus alumnos qué deben esperar del curso, explicarles exactamente lo que deben hacer y practicarlo. Recuerda que tus procedimientos podrían ser distintos a los que tus alumnos tuvieron el año anterior o a los que tienen actualmente en la escuela. Esto deben tenerlo en cuenta tanto los alumnos como los voluntarios adultos. No cumplir la rutina no es en sí una falta de disciplina. La única "consecuencia" es recordarle al interesado el procedimiento correcto.

Usa también las rutinas para eventos no rutinarios: *¿cuál es la rutina que se aplica cuando un alumno llega tarde a clase?,*

*¿y si llega un visitante no esperado?, ¿y si llega alguien a mitad del tiempo de oración?*

No son situaciones complicadas. Pero si te encuentras a mitad de la oración inicial, ¿no será mejor que el alumno espere en la puerta o que tome asiento con discreción, en vez de ir de un lado a otro en el salón recogiendo sus libros y sacándole punta a su lápiz? Diles a los alumnos con anticipación qué deben hacer de forma que no tengas que interrumpir la oración o la clase para dar indicaciones. En el caso de alumnos mayores, puedes poner una hoja en la puerta en la que estén las indicaciones sobre lo que los alumnos y los visitantes deben hacer si llegan mientras están orando. Por ejemplo: "si llegas durante el tiempo de oración, por favor, entra en silencio y quédate cerca de la puerta". Con niños más pequeños, ayuda tener a una persona cerca de la puerta para que lleve a los niños a su lugar.

Mientras más actividades de clase se conviertan en pequeñas mini-rutinas, más fácil será llevarla adelante. Cada vez que hagas una actividad nueva o especial, deberás enseñar a los alumnos cómo proceder. Mientras menos "sesiones de entrenamiento" se necesiten, más fácil te será dirigir el salón.

## Prepara una rutina para las emergencias más comunes de los alumnos

Suele suceder. Ten una rutina preparada para saber cómo vas ayudar a un alumno que se siente enfermo, al que está enojado, al que está en una situación difícil y necesita la ayuda o atención de un adulto. Por lo general, el alumno dará a conocer su necesidad de una forma muy discreta. Si es posible, permito que el alumno vaya a la oficina o al baño y pido a un voluntario adulto que lo acompañe si necesita ayuda.

El resto de los alumnos puede preguntarse, "¿qué le pasa?" o "¿por qué salió de clase?". Una respuesta honesta, que respeta la privacidad del alumno, es: "necesita hablar con el DER". Vuelve a la clase sin dar más explicaciones.

## Ritmo, rutina y estilos de aprendizaje

¡Atenta! Este es el mensaje del científico cognitivo Daniel Willingham, cuyas investigaciones confirman lo que tu mamá siempre supo: nunca aprenderás algo, si no prestas atención. Pero esto es lo que yo he visto una y otra vez cuando voy a cursos para la formación de catequistas: diferentes personas ponen atención de diferentes formas.

Cuando soy estudiante, hay ciertas actividades que me dan pavor, la primera de ellas, las reflexiones en grupo. Dígase lo mismo del momento en que todos se tienen que poner de pie, formar un círculo y hacer cierta actividad física que demuestre que hemos aprendido lo que acaba de enseñar el instructor. Pero, ¿sabes una cosa? Siempre hay –siempre– una o dos personas que después de la actividad de los pequeños grupos dicen, "¡oh, esta actividad de verdad me ayudó a entender lo que estábamos viendo antes!, ¡ahora lo entiendo bien!".

Tengo una hija que aprende hablando. Si le digo: "es importante que te pongas el cinturón de seguridad para que no te lastimes si freno bruscamente", entonces va a pensar por un momento y luego, sin que yo diga o haga nada, va a comenzar un pequeño discurso dando siete ejemplos diferentes de lo que podría pasar si ella no se pone el cinturón de seguridad. Explicando o hablando sobre lo que acaba de escuchar es como ella pone atención. Es su forma de procesar sus pensamientos y hacer que las ideas se queden definitivamente en su cabeza.

En mi caso, la pluma es lo que me ayuda a mantener la atención. Cuando voy a una conferencia, siempre llevo mi cuaderno de espiral y muchas plumas. Mientras el instructor está hablando, escribo muchas páginas de apuntes. Cuando no hay algo que escribir, parezco incapaz de dejar la pluma. Recientemente recibí una llamada, y me di cuenta, como siempre, que estaba llenando los márgenes de mi cuaderno con figuras geométricas. Me di cuenta y me detuve, y de pronto dejé de poner atención a la llamada. Mi mente comenzó a divagar. Volví a hacer mis garabatos y comencé a poner atención nuevamente. Yo así pongo atención.

Si un profesor nos quisiera enseñar tanto a mi hija como a mí, podría hacer una clase basada en rellenar los espacios en blanco de un ejercicio para ayudarme a aprender mientras escribo y podría usar preguntas de discusión para ayudar a mi hija a procesar sus pensamientos en voz alta (yo estaría haciendo dibujos en el margen de la guía de estudio mientras los demás estarían hablando). Como veremos en el siguiente capítulo, usar antifaces, máscaras y juegos didácticos puede ayudar a algunos alumnos a prestar más atención y a entender la lección.

¿Cuál es el lugar del comportamiento en clase dentro de todo esto? Como adulto, tengo la paciencia y el autocontrol para afrontar con educación aquellas actividades que no me gustan. También es verdad que tengo la libertad para inscribirme a cursos que son afines a mis intereses. ¿Quieres hacer enojar a los padres de familia? Pídeles que asistan a una reunión larga, aburrida y obligatoria como un requisito para que sus hijos reciban los sacramentos. A los adultos no les gusta estar en actividades aburridas más que a los niños.

Los niños más chicos no tienen la capacidad para sobreponerse al aburrimiento. Si se encuentran en una actividad que les es aburrida, encontrarán otras formas de entretenerse. Cuando tus alumnos comienzan a distraerse, analiza si no estás dedicando demasiado tiempo a un solo tipo de actividad. Una de las metas de usar el tiempo de clase con ritmo y rutina es crear un flujo constante de actividades que ayuden a poner atención y a profundizar en el tema.

Cuando estés buscando modos de darle variedad a tu clase, pregúntate: ¿hay otras formas en que los alumnos podrían hacer esta actividad? Cuando comienzo la clase con un estudio de la Biblia, dejo que los alumnos trabajen de forma individual o en grupos pequeños. Esto hace que los lectores lean, que los escritores escriban notas en sus cuadernos y que aquellos a los que les gusta hablar, discutan con otros el pasaje de la Biblia sin hacer mucho ruido. Si un alumno tiene problemas con la lectura, se le puede poner con uno al que le guste leer en voz alta.

## Ejemplo de clase: ¿cómo se desarrollan, en concreto, el ritmo y la rutina?

¿Te sientes abrumada por la necesidad de preparar tus planes de clase? Al final del libro, después de que hayamos visto otras formas más avanzadas de planear estrategias y dar clases, aprenderemos paso a paso un sencillo método para diseñar planes de clase. Por el momento, analicemos un plan de clase general que usa "ritmo y rutina" de forma eficaz. Se trata de una forma probada de diseñar una clase, ¡pero no es la única forma de hacerlo! Si eres nueva en la planeación de clases, usa estas ideas como un punto de partida, pero trabaja con tus propios planes para encontrar el mejor "ritmo y rutina" para tu clase.

### 1. Actividad introductoria

Si los alumnos llegan en un grupo, por ejemplo, provenientes de otro salón de reuniones en otra parte del edificio o de otra clase, entonces la "actividad introductoria" consiste en que cada quien tome su lugar para que la clase pueda empezar. Si llegan a goteo durante varios minutos o más, entonces comienza la clase con alguna tarea que mantenga ocupados a los que ya llegaron mientras esperan a los demás.

¿Qué tipo de actividad? Vas a estar pasando lista y vas a tener muchas interrupciones, por tanto, los alumnos deben poder trabajar de forma independiente. Escoge una actividad que no requiera ser terminada durante el tiempo de clase, dado que habrá alumnos que lleguen más tarde y tendrán menos tiempo para hacerla. Estas son algunas ideas:

○ Entrégales una hoja para colorear, un crucigrama o una hoja de trabajo relacionada con la lección del día.

○ Prepara una manualidad sencilla en la que los alumnos puedan trabajar de forma independiente.

○ Da a los alumnos más grandes algunos trabajos para que los hagan en su cuaderno de clase, un estudio bíblico o la lectura de un libro que hayan escogido en la biblioteca.

○ Pon a su disposición juegos didácticos que puedan interrumpirse en cualquier momento como las tarjetas *Friendly Defenders*.

Este tipo de tareas deben ser concretas. No les digas: "estudien para su examen", sino más bien: "respondan a las preguntas de repaso que están en la página 47 de su libro de texto azul". Escríbelo en el pizarrón. Di a los alumnos que, si terminan antes, pidan una segunda tarea, la cual debe estar en tu carpeta de actividades de reserva. En el caso de niños pequeños, puedes tener libros con ilustraciones y juegos que no hagan ruido, como personajes de la Biblia hechos de cartón o blocks de espuma para construir cosas. El tiempo de espera mientras llegan los demás alumnos puede ser también un tiempo para escuchar música si tienes a alguien que dirija los cantos y pueda dedicarse a ello.

Recuerda que necesitas establecer una rutina sobre cómo deben llegar los alumnos a clase y qué deben hacer. Si recibes a todos juntos en la puerta del salón de clase, toma unos minutos mientras están ahí para repasar lo que deben hacer cuando entren a clase ("tomen un libro del armario verde, siéntense en alguna de las mesas largas y estén listos para comenzar a leer"). Si los alumnos llegan a goteo, escribe la rutina en el pizarrón. Procura enseñar a cada uno la rutina de ingreso durante las primeras clases.

## 2. Oraciones iniciales

Una vez que han llegado todos, inicia la clase con algunas oraciones sencillas y que no sean muy largas. En la primera parte de la clase, los alumnos tienen más energía y capacidad de concentración, y están en muy buenas disposiciones para trabajar. La rutina de la oración inicial pone el tono de la clase y te permite pasar rápidamente a la lección antes de que la atención de los alumnos comience a debilitarse. Las oraciones iniciales podrían ser:

○ Oraciones tradicionales: gloria, avemaría y padrenuestro.
○ Oraciones nuevas o propias del tiempo, y que los alumnos necesitan aprender, como la oración al arcángel san Miguel o el acto de contrición.
○ Una breve liturgia devocional, como el ángelus o una decena de la corona de la Divina Misericordia.
○ Oraciones de intercesión que se repiten en cada clase, como las oraciones por el párroco, los enfermos o una misión parroquial.
○ Intenciones de los mismos alumnos, si cuentas con una forma eficiente para recogerlas. Una forma de hacerlo es pedirles que escriban sus intenciones en una lista conforme vayan llegando al salón.

○ Oración espontánea agradeciendo a Dios por el tiempo de clase de ese día y pidiéndole que te ilumine durante la misma.

¡No trates de decirlo todo! Escoge uno o varios puntos e inclúyelos en las oraciones iniciales sin exceder los cinco minutos. Haz tus oraciones iniciales más breves y estructuradas cuando estés con niños pequeños. Está bien –y es útil– decir las mismas oraciones en todas las clases. No te preocupes de que se vuelva algo "aburrido". Es una tentación cambiar las oraciones constantemente, pero en el caso de las oraciones iniciales, la rutina y la estructura ayudan a que la clase se mantenga concentrada.

Si deseas enseñar una nueva oración cada semana, explícala durante el tiempo de clase y después rézala como parte de la oración final. Por lo general, dejo las oraciones más largas y meditativas para el final de la clase. Algunos tipos particulares de oración que requieren mucho mayor tiempo y atención, como el Rosario o el Vía crucis, son una excepción. En estos casos, puedes introducir y explicar brevemente la oración una vez que la clase está ya reunida y hacer la oración durante todo el tiempo de clase. ¡Aprendemos a orar orando!

## 3. Empieza la clase

Empieza a trabajar cuando los alumnos todavía están frescos. La primera parte de la clase es el momento para abordar temas más sólidos y dar una impresión de seriedad. Cualquier cosa que los alumnos necesitan aprender se les debe presentar en la primera parte del período de clase y ser repasado conforme vas enseñando. Cuando hagas tus planes de clase, divide tu plan en "cosas esenciales" y "cosas extra". Reflexiona con atención sobre cómo puedes enseñar las cosas esenciales de una forma que los alumnos puedan entenderlas y recordarlas. Usa los temas extra para complementar los esenciales o básicos, y explícalos en una lección. Si el tiempo no alcanza, puedes simplemente no dar uno de los temas extra y tener la seguridad de que, no obstante, has enseñado a tus alumnos lo que debían aprender ese día.

¿Cómo vas a empezar el tiempo de transmitir contenidos? Puedes usar alguna de estas actividades para introducir el tema:

○ Lee, narra o representa el pasaje de la Biblia sobre el que vas a construir tu clase.

○ Inicia una breve reflexión en común sobre el tema, como "¿de qué forma muestras a los demás que los amas?".

○ Haz preguntas de repaso que estén relacionadas con el tema.

○ Dirige un pequeño debate en el que des una lista de acciones: los alumnos deben decir cuáles expresan amor y cuáles no.

○ Si los alumnos completaron una lección relacionada con una lectura de la Biblia o hicieron un ejercicio mientras llegaban los demás, inicia la clase explicando la lectura bíblica o dando las respuestas del ejercicio.

○ Simplemente empieza la clase. No son necesarios muchos fuegos de artificio. Algunas veces, "abran su libro en la página 168" es la mejor manera de empezar.

Busca el término medio para que tu clase no sea ni demasiado sencilla ni demasiado densa. Captarás la atención de tus alumnos si tu clase tiene contenidos nuevos y exigentes. De la misma forma que nosotros necesitamos meditar en los aspectos esenciales de nuestra fe ("Jesús me ama", ¡qué es más importante que eso!), los alumnos también necesitan ver encarnados de diversas formas los aspectos fundamentales de nuestra fe. Si bien tu programa de estudios debe volver año tras año sobre los aspectos fundamentales, asegúrate de que el curso presenta también nuevo material de forma que los alumnos que llevan varios años no sientan que todo lo que había que aprender se lo dijeron cuando estaban en el Jardín de Niños.

Dicho eso, tampoco des demasiado material en una sola clase. Existe la tentación de dar una gran cantidad de datos en un esfuerzo desesperado por asegurarse de que los alumnos van a aprender todo lo que van a necesitar antes de graduarse. Vas a terminar exhausta y tus alumnos no van a aprender. Establece prioridades y elige solo algunas que sean clave para incluirlas en tus clases. Mientras hablas, haz pausas para que los alumnos puedan preguntar, tener breves reflexiones en grupo y repasar. Bajar el ritmo para hacer repasos y reflexiones en común da tiempo a los alumnos para digerir lo aprendido. Además, preguntar y responder a tus alumnos te dará oportunidad de saber si entendieron lo que explicaste.

No rechaces con facilidad las preguntas "fuera de tema", siempre y cuando sean hechas de forma seria y estén relacionadas de alguna forma con el curso. Usa tu criterio para decidir cuánto tiempo vas a dedicar a este tipo de preguntas. Si los alumnos son sinceros en el momento de preguntar, probablemente lo están haciendo porque hay un tema que es importante para ellos entender. A menudo lo que parece una pregunta fuera de sitio ("¿si estoy en el ejército, puedo dispararle a alguien en batalla?", preguntó un niño al que le faltaban 10 años para empezar el servicio militar), revela una necesidad de entender algo que pasó en las noticias, en la propia familia o porque necesitan luz para comprender mejor cómo funciona la moral.

## 4. Cosas divertidas

Si has planeado una manualidad o un juego, ponlo después del tiempo normal de clase. Conforme avance la clase, los alumnos más pequeños comenzarán a ponerse más nerviosos y estarán listos para el ejercicio físico o para hacer manualidades. Los mayores no necesitan juegos ni manualidades; si los incluyes, déjalos para después de la clase formal. Esto evita el problema del dulce antes de la cena. Todos los alumnos se benefician académicamente de los juegos de preguntas o de juegos didácticos que les ayudan a repasar y revisar lo que aprendieron. Del mismo modo, un proyecto de servicio a los demás como hacer rosarios o enviar cartas a soldados que se encuentran fuera de nuestro país, puede ayudar a los adolescentes a conocer cómo practica la Iglesia las obras de misericordia.

## Manualidades

Veamos algunos trucos para evitar que el tiempo dedicado a las manualidades sea tiempo perdido. Ante todo, haz tu mismo la manualidad primero, de forma que puedas prever cualquier dificultad técnica y los alumnos puedan ver un modelo de cómo debe quedar el producto final. Discierne si los alumnos escucharán mejor las indicaciones si aún no tienen nada en las manos o si les ayudará tener los materiales delante de ellos, de forma que puedan ver de cerca cómo los deben usar. Si la manualidad es complicada, puede ser útil hacer un modelo de ejemplo para cada mesa. Si el proceso tiene muchos pasos, puede servir tener diversos modelos construidos hasta diversas etapas de forma que los alumnos puedan ver fácilmente cómo debe ser el proyecto en cada paso.

¿Cómo vas a entregar los materiales? Sé previsora para hacer un proceso eficiente y ordenado, en el que se evite tanto una situación en la que cada quien hace lo que quiere como largas esperas porque un solo profesor está explicando todo a cada alumno. Si necesitas poner pintura en conos de papel o poner bolitas de estambre y lentejas en pequeñas bolsas de plástico, recuerda que no puedes estar repartiendo los materiales mientras pasas lista, das clase o controlas las salidas al baño. Prepara los materiales para la manualidad antes de que lleguen los alumnos. Si hay materiales que debas dar en el momento en que los niños empiecen a trabajar, como pintura o pegamento, pide ayuda extra. Da a quienes te ayuden indicaciones claras antes de que empiece la clase, de forma que no estés entrenando a tus voluntarios mientras los alumnos esperan.

Piensa qué vas a hacer si algún alumno no termina el trabajo. ¿Van a llevarse algunos materiales en una bolsa de plástico con cierre? ¿Qué van a hacer con el pegamento o la pintura fresca que sobre? Si el trabajo necesita secarse, puede ser la primera actividad de la clase, de forma que para el final de esta ya esté seco. Los papás no van a querer llevar a casa un vaso con pequeñas lentejuelas o un trabajo con pintura fresca.

### Juegos

Los juegos presentan las mismas dificultades que las manualidades, pero en vez de tratar de mantener el pegamento con brillantina lejos del crucifijo, debes evitar que el juego de los encantados convierta en una guerra. Al igual que con las manualidades, la planeación previa es el secreto del éxito. Prueba los nuevos juegos con algunos voluntarios, quizás tus mismos hijos o a algunos niños que encuentres en el patio de la iglesia después de Misa. Si haces una carrera con obstáculos u otra actividad con ejercicio físico, es absolutamente necesario hacer pruebas para asegurar que el juego no será tan fácil como para dar risa ni extremadamente difícil. Si eso no es posible, repasa una o dos veces cómo lo harías, de forma que cuando llegue el momento, puedas dirigir fácilmente a los voluntarios.

**Los voluntarios necesitan instrucciones claras.** Si son adolescentes o adultos los que te van a ayudar a organizar el juego, repásalo con ellos antes de que empiece la clase. Las instrucciones escritas pueden ser útiles. Sé firme y claro sobre la forma en que se va a desarrollar el juego. Analiza la madurez de los responsables y dales instrucciones explícitas según sea necesario, como "pueden tocar a los alumnos solo en el brazo o el hombro" o "no eliminen al mismo alumno más de una vez en cada sesión".

Prevé desde antes cómo vas a controlar al grupo. Ten a los alumnos reunidos y sentados en un lugar previamente asignado o de pie, mientras les das las instrucciones del juego. Repasa las reglas y recuerda a los alumnos que aquellos que no puedan jugar de forma respetuosa, tendrán que salir del juego y sentarse a la orilla del patio. No lleves pelotas u otros objetos hasta que no estén listos para comenzar. Puede ser útil pedir a un alumno que te ayude para mostrar a los demás cómo se juega el juego. Ten un ensayo en el que los alumnos respondan a ciertas órdenes, como empezar o dejar de jugar cuando escuchen el silbato.

Piensa también cómo vas a terminar el juego, pero sé flexible dependiendo de cómo se desarrolle este. Si el juego termina muy rápido, ¿vas a jugar una ronda más o prefieres ya pasar a la siguiente actividad? Si el juego se sale de control, haz una pausa. Analiza si conviene revisar alguna regla o modificar todo el juego, o si es mejor simplemente suspenderlo. Los niños tienen una capacidad admirable para inventar juegos y pueden tener buenas sugerencias sobre cómo modificarlo. También les puedes pedir, con una clase de antelación, que propongan el juego que más les guste. Lo harán con gusto. Sigue su sugerencia, si parece una buena opción.

## *El viaje de regreso desde el Planeta Diversión al Planeta Clase*

Es mucho más fácil entusiasmar a los niños que calmarlos. Independientemente de que hayas puesto los juegos y las manualidades al final del período de clase (como este ejemplo lo hace) o si todavía va a haber más clase, algunos niños tendrán la tentación de seguir con la fiesta. Cierra las actividades de mucha actividad física con una breve rutina para calmar a los niños. Después de unas manualidades, el tiempo dedicado a recoger y limpiar el lugar puede servir para ello. Puedes cerrar el tiempo de juego con una serie de rutinas físicas que impliquen una vuelta serena y silenciosa al comportamiento normal de clase. Por ejemplo, puedes hacer una breve ronda del juego "Simón dice": "Simón dice: toquen el cielo", "Simón dice: párense de puntas", "Simón dice: caminen de puntas hasta sus lugares", etc.

## 5. Recoger y limpiar

Dependiendo del tipo de actividades de clase que tengas, puede suceder que no ensucies casi nada o que tengas que limpiar conforme vayas trabajando. Por lo general, sin embargo, tendrás que reservar unos cinco minutos como tiempo para limpiar y recoger. Reserva un poco más de tiempo la primera vez para que enseñes a los alumnos la rutina de limpieza y también aquellos días en que se tenga una actividad que pueda ensuciar mucho el salón. Cuando la limpieza sea más complicada, haz una pausa general de forma que puedas dar indicaciones. Pide a los alumnos que dejen de hacer cualquier cosa, que dejen los materiales y demás cosas, y que pongan atención. Avisa que está terminando el tiempo de juego y que dentro de poco volverán al tiempo de trabajo. Da soluciones simples y claras sobre lo que deben hacer:

*Vamos a poner los proyectos en el mueble para que se sequen, pongan los materiales en los botes amarillos y asegúrense de que no haya papeles en el piso.*

O:

*Vamos a poner las pelotas en la canasta roja, los conos naranja en la caja de cartón y después nos vamos a formar para subir al salón.*

Las instrucciones dadas en grupos de tres son fáciles de recordar y de repetir mientras los alumnos están haciendo las cosas. Una vez que los alumnos han terminado de limpiar y recoger, puedes dar un segundo bloque de instrucciones. Por ejemplo, si el regreso al salón de clase es más complicado que simplemente sentarse otra vez en los propios escritorios, podrías decir:

*Vamos ahora a volver al salón de clase. Cuando pasemos por el pasillo, vamos a hablar en voz baja para no distraer a los otros salones. Vamos a detener la puerta para que pase el que viene atrás de nosotros, cuando entremos al cubo de la escalera. Cuando volvamos a clase, por favor, siéntense y prepárese para rezar.*

## 6. Oraciones finales

Es más fácil rezar cuando el salón está ordenado y limpio. Si el tiempo de clase se ha terminado, te toca a ti decidir si haces unas cuantas oraciones al final en medio del desorden creado por la actividad o si simplemente no tienes el momento de oración. Si te das cuenta de que habitualmente te falta tiempo para recoger y hacer la oración final, corrige tu plan de clase. Quizás estás tratando de poner demasiadas actividades en una sola clase. Recorta un poco tu clase y pon una alarma para que puedas interrumpir la clase y recoger cuando todavía haya tiempo. Yo suelo escribir al inicio de cada clase un breve esquema con la hora en que se hará cada cosa. Si el pizarrón dice "7:10 – Recoger", me acuerdo de que debo interrumpir la clase a las 7:10.

### ¿Qué tipo de oración final conviene usar?

Al escoger tus oraciones finales, ten en mente los objetivos de la clase. ¿Es la oración en sí uno de los principales elementos del curso? Si es así, reserva tiempo para momentos de oración más elaborados, para hacer oraciones de intercesión dirigidas por los alumnos, para oraciones meditativas, para recitar una decena del Rosario, para escuchar música sacra (no importa de qué tipo sea, con tal de que ayude a tus alumnos en sus inquietudes y al curso a alcanzar sus objetivos). Si el objetivo del curso es memorizar algunas oraciones, repite esas oraciones en cada clase hasta que las sepan de memoria. Algunas veces tu curso de Educación Religiosa no va a tener la oración como su principal objetivo. En ese caso, una breve bendición o una invocación, o simplemente esperar a que los alumnos desalojen el salón son alternativas aceptables.

Ten presente también el ritmo de tu clase y si el tipo de oración que elegiste es el adecuado para tus alumnos. No tengas una oración meditativa inmediatamente después de una manualidad o de una actividad física. La concentración exigida por un trabajo manual es más o menos la misma que la requerida por la oración meditativa. Después de los juegos, los niños están muy agitados como para calmarse y ponerse a meditar. En vez de ello, ten oraciones sencillas, semejantes a las del inicio de clase.

## ¿En realidad, en qué cosiste la oración meditativa?

Ante todo, ten la seguridad de que la oración meditativa no es algo raro o tonto. Es un momento de silencio para entrar en contacto con Dios de forma personal y privada. La *Lectio divina* es una oración meditativa sobre un pasaje de la Escritura. El Rosario es una oración meditativa que tiene como telón de fondo una serie de oraciones memorizadas. La adoración eucarística es una oración meditativa hecha en presencia del Santísimo Sacramento. Todas ellas se reducen al único fundamento de la oración: "Sepan que soy Dios, excelso sobre los pueblos" (Sal 46:11).

*He aquí una propuesta que funciona bien en clase:*
**Haz una transición clara.** Pide a los alumnos que guarden los libros y útiles de aseo, y que encuentren un asiento cómodo donde tengan suficiente espacio. Puedes decirles también que se sienten en el piso, pero ten cuidado para que no vaya a ser una invitación a la pereza. No les pidas que adopten una determinada postura, más bien sugiéreles una o dos para que ellos elijan. Por ejemplo, les puedes decir: "Pueden cerrar sus manos y ponerlas sobre sus piernas o poner la cabeza sobre la mesa de forma que estén completamente relajados".

**Fija el tono de la actividad.** Puedes bajar la intensidad de las luces y encender velas si es posible. Puedes poner música tranquila o tener la actividad en completo silencio. Invita a tus alumnos a esforzarse por crear un momento de oración en que predomine el silencio. Si un alumno no está dispuesto a guardar silencio durante la oración, hay que pedirle que haga otra actividad también silenciosa (como colorear un dibujo o resolver un crucigrama) en el pasillo acompañado por un adulto.

**Escoge en qué se va a centrar la oración.** Puede hacerse de muchas formas. Hay meditaciones guiadas que puedes leer directamente de un libro o que tú misma puedes desarrollar. Los alumnos pueden meditar en algún misterio del Rosario, en un versículo de la Biblia o pasar tiempo hablando en silencio con Jesús acerca de una pregunta o problema que tengan. Puedes leer las palabras de una oración conocida e invitar a los alumnos a reflexionar en ellas o poner un himno tradicional, e invitar a los alumnos a oír las palabras en actitud meditativa.

El tipo de oración determinará si los ojos deben estar abiertos (mirando a una imagen o leyendo la letra del himno) o cerrados (escuchando la meditación y después hablando en silencio con el Señor). Si tienes pensado meditar en una oración en particular, en un himno o pasaje de la Biblia, puede ser útil estudiarlo antes durante el tiempo de clase. De lo contrario, tendrás niños preguntándose qué significa "santificado", cuando estén a mitad de la meditación sobre el padrenuestro.

**Deja tiempo para la oración en silencio.** Anima a los alumnos a pasar tiempo hablando con Jesús (en silencio) con sus propias palabras y escuchando de la misma manera. Explica a los alumnos que no hay una forma única de pasar este tiempo de silencio en la presencia de Dios.

**Termina el tiempo de oración antes de que los alumnos comiencen a ponerse nerviosos.** Es mejor que los alumnos recen poco y se queden con deseo de más a dejar que se aburran y comiencen a distraerse. Cuando planees el tiempo de oración, cuida que sea un tiempo en el que no haya interrupciones. Si prevés que va a haber una interrupción, di a los alumnos con anticipación qué deben hacer en caso de que suceda ("Si suena la campana cuando todavía estamos rezando, concluyan en silencio su conversación con Jesús y, sin hacer ruido, levántese y vayan a la puerta").

Da a los alumnos unos cuantos minutos para "salir" del ambiente de oración. Algunos querrán compartir lo que experimentaron durante la oración, pero no seas curioso o presiones. La oración es algo personal.

## 7. Qué hacer en los tiempos muertos

¿Sobró tiempo después de la oración final? Ten siempre a la mano actividades para rellenar tiempos muertos. Debe ser una actividad que no requiera útiles o materiales o mover el inmobiliario del salón, y que pueda hacerse sin importar cuán largo o corto sea el tiempo muerto. Estas son algunas sugerencias:

- Aprender de memoria un versículo de la Biblia o una oración.
- Haz preguntas sobre la materia que han visto hasta el momento.
- Sesión abierta de preguntas y respuestas. Acepta preguntas de cualquier tema de Educación Religiosa. Si no sabes la respuesta, anota la pregunta y trae la respuesta a la siguiente semana.
- Haz juegos de salón como Teléfono descompuesto, Veinte preguntas, Veo veo, Ahorcado o Simón dice. Puedes manejar estos juegos de forma que toquen temas de Educación Religiosa. Para ello puedes usar nombres de santos, vocabulario religioso o las partes de la iglesia. En el caso del Teléfono descompuesto, analiza bien cómo son los alumnos para evitar humor vulgar o temas inapropiados. No trates de hacer una versión religiosa del juego Simón dice. Es mejor jugarlo tal como es.

¡Deja que los niños te hablen! Es un buen momento para hacer una reflexión en grupo que profundice en los contenidos de la clase de una forma nueva o sirva de introducción para el tema de la siguiente semana. Puedes invitar a los alumnos a compartir cosas que les hayan pasado o pedir intenciones para que los miembros del grupo las tengan presentes durante la semana. Algunas cosas de las que se podría hablar son:

- Qué es lo que más les gusta de la clase.
- Algo divertido que hayan hecho durante la semana.
- Su parte favorita de la Misa.
- Su devoción, oración o sacramental favorito.
- Su santo favorito.
- Algo interesante que va a pasar pronto.
- Lo que han planeado hacer para su próximo día sin clases.
- Un buen chiste.

A algunos alumnos les gusta hablar, otros prefieren simplemente escuchar. Ambas cosas están bien.

¿Qué hacer si todas las semanas te quedan tiempos muertos?

Si la clase la das bien y terminas antes de tiempo, quiere decir que tienes espacio para más materia. Puedes darle más tiempo a alguna de las primeras partes de la clase o puedes convertir alguna de tus actividades para rellenar los tiempos muertos en una parte estable de la clase. Prueba hasta que encuentres una actividad que satisfaga la necesidad de algún alumno o que le guste mucho al curso.

## 8. La salida

La salida debe ser un tiempo bien planeado y organizado. Primero responde a estas preguntas:

- ¿Cómo harás para saber que ya es tiempo de que se vayan los alumnos?
- ¿Cuándo vas a devolver a los alumnos sus teléfonos celulares? (en caso de que se los hayas recogido durante el tiempo de clase).
- ¿Dónde van a recoger los papás a sus hijos?
- ¿Cómo van a llegar los alumnos hasta el lugar donde los van a recoger?
- ¿Quién va a quedarse con los alumnos hasta que lleguen los papás por ellos?
- ¿Qué vas a hacer si los papás de algún alumno se retrasan?

Usa la información que recabes para fijar ciertas normas. Si estás encargada de la salida de los alumnos, diles qué esperas de ellos desde el inicio. El esfuerzo que hagas en establecer buenas rutinas desde el inicio del año redituará en la disciplina de los meses siguientes. Cuando todos saben lo que deben hacer y cómo hacerlo, los ánimos se mantienen más calmados, los alumnos responden mejor y todos aprovechan mejor las clases.

El ejemplo de rutina de clase que acabamos de exponer, es solo una de las muchas maneras en que se puede organizar el tiempo de clase. Es un esquema probado, pero a menudo va a ser necesario diseñar un plan especial para tu clase. En los capítulos siguientes, veremos algunas dificultades que los maestros pueden encontrar y que afectan a la disciplina en el salón de clase; explicaremos también algunas técnicas para prevenirlas o salirles al paso. Repasar estas técnicas te ayudará a escoger las actividades más apropiadas. Por último, en el capítulo 8, veremos cómo poner juntas todas esas ideas en una serie de planes de clase diseñados por ti misma. Comencemos este apartado sobre cómo afrontar problemas de disciplina analizando al grupo con mayor capacidad para abrumar a un catequista con sus travesuras: los más pequeños.

# 4

# CÓMO CONVERTIR A LOS NIÑOS INQUIETOS EN NIÑOS QUE PRESTAN ATENCIÓN Y ESTUDIAN

Los niños pequeños están sedientos de aprender sobre Jesús y de conocerlo personalmente. No quieren sentarse como estatuas y soportar horas y horas de clase. Puedes prevenir problemas disciplinares preparando clases que tengan en cuenta las necesidades y deseos normales de los niños pequeños. Veamos cinco características de los niños pequeños y analicemos cómo podemos usarlas para encontrar formas amenas y divertidas de transmitir la fe.

### #1
### Los niños necesitan un amor activo

Sé amiga de tus alumnos desde el primer día. Si tienes una verdadera amistad con ellos, eso les animará a prestar atención en clase. Saben que otra sonrisa o comentario amable les espera de esa fuente de donde vino la primera vez. A los niños no les gustan los favoritismos, por tanto, ten cuidado de la forma en que te relacionas con cada uno de ellos y cuida de dar a cada niño o niña la atención y consideración que merece. La otra cara de la amistad es el temor a perderla. Cuando los alumnos se dan cuenta de que los estimas, sienten más vivamente el dolor por haberte defraudado. A menudo una corrección leve es todo lo que necesita un alumno que de verdad quiere agradarte.

¿Cómo puedes hacerte amiga de tus alumnos? Algunos de los mejores maestros de los primeros grados dominan el arte del "guiño del maestro". Es un mensaje del ojo que hace saber al interesado que no te has olvidado de él y que pronto llegará su turno. Yo no puedo guiñar un ojo (parece como si tuviera un mosquito). Crea una relación con tus alumnos recordando y usando su nombre, sabiendo qué juego juega cada uno o felicitando a las alumnas por su corte de pelo o por su forma de vestir. Un sincero "¿cómo estás?" seguido de un sincero interés por la respuesta del alumno, dice muchas cosas. Sin importar la forma concreta en que lo hagas, en el fondo estás diciendo: "me da gusto que estés aquí".

No son falsos actos de atención. Más bien, estás haciendo un esfuerzo por mostrar externamente el aprecio que sientes en tu interior por ellos. El respeto que les muestras debe nacer de un sincero aprecio por su dignidad humana, sin ningún ulterior motivo. Sin embargo, la amistad entre el alumno y el maestro debe respetar las inevitables barreras que deben estar presentes en toda relación maestro-alumno.

### #2

## A los niños les gusta hablar

Si los adultos están disfrutando una clase o una conferencia, van a participar espontáneamente haciendo preguntas, compartiendo experiencias y riéndose ampliamente de tus chistes. Los niños se sientan en silencio cuando están absorbidos por lo que les estás diciendo; comienzan a hablar y a interrumpir, cuando están aburridos. Al igual que los adultos, los niños quieren tener oportunidad de compartir sus ideas y participar. A los niños pequeños les ayuda que haya durante la clase tiempos predefinidos en los que puedan hablar. Vamos a analizar aquí tres aspectos del tiempo para hablar y más adelante veremos otros.

## Establece tiempos para dar respuestas breves y dar a cada niño oportunidad de hablar

Los niños pequeños quieren compartir todo lo que saben. Quieren contarte lo que les pasó en el día, cuál es su helado favorito y cómo está su perro de peluche que solo tiene un ojo. Y te hablarán de mil cosas más si les das tiempo. Me gusta comenzar las clases con una breve pregunta relacionada con el tema del día. Por ejemplo, si estamos hablando de cómo Dios nos cuida, podría decir: "¿Alguno de ustedes tiene una mamá o un papá que los cuida y se preocupa por ustedes?"

Obviamente, todos los alumnos tienen a una persona así en su vida. Entonces, uno por uno, todos empiezan a hablar siguiendo un esquema bastante predecible: "mi mamá me hace la cena", "mi comida favorita son las hamburguesas", "fui a McDonald's y vi a un señor que tenía el pelo verde", "mi color favorito es el morado", "el mío, el azul", etc.

Por lo general, vas a tener que recordar a los niños la pregunta original: "¿quién más nos quiere hablar de una persona que se preocupa por él?". Pero los niños aman compartir lo que les pasa, la reflexión en grupo ofrece una introducción natural al tema y lleva solo unos cuantos minutos. Usa estas preguntas breves a lo largo de la clase para mantener a los niños despiertos e interesados.

## Nadie puede intervenir en la clase si no está en silencio y bien sentado

Si preguntas en clase: "¿Quién de ustedes cuida o ha cuidado a una mascota?", tendrás una docena de niños de séptimo grado haciendo ruidos y moviendo las manos, desesperados por decirte que ellos también tienen un gato, pero que no se llama Oreo, porque Oreo murió el año pasado y compraron un gato nuevo que se llama Snowball que toma agua en la fuente de los pájaros.

Tú vas a ser la única que no va a oír nada en medio de las voces, súplicas y ojos completamente abiertos de quien quiere ganar la competencia y ser el primero en hablar.

Di esto a los niños: "Tengo una regla en mi clase: no le doy la palabra a nadie que no esté bien sentado y en silencio".

Después, exige tu regla. La primera vez dile al alumno: "Lo siento, me gustaría oír lo que quieres decir, pero no estás en silencio y no puedo darte la palabra". Con ello, el resto de la clase va a recibir un mensaje:

**Estar en silencio = recibir la atención que deseo**

Usa esta regla para todo lo que hagas. Entonces, una vez que la Srta. Muevelamano y el Sr. Gemido se calmen, dales la palabra con gusto: "Gracias por estar bien sentados y en silencio. Me gustaría mucho oír lo que tienen que decir".

## Haz breves preguntas que todos deban responder en coro

Los señores de cincuenta años que llenan un estadio pueden entretenerse gritando al unísono el nombre de su equipo favorito de fútbol americano. Un salón lleno de niños de siete años no es diferente.

"¿Qué ángel vino a decirle a María que iba a ser la madre de Jesús?"

"*¡Gabriel!*"

"¡No los oigo, ¿quién?!"

"*¡GABRIEL!*"

"Y María dijo 'sí' o 'no'?"

Puedes hacer algo similar con cualquier respuesta de una sola palabra. Observa cómo es más fácil gritar "¡confesión!" que "¡reconciliación!". Practica tus preguntas y respuestas en casa, a solas, de forma que estés segura de que estás pidiendo a los niños que griten una palabra que realmente pueden gritar.

## #3
## A los niños les gusta aprender cosas de adultos

Si tuviera que decir el error más común en los programas de Educación Religiosa, diría que son los temarios excesivamente simplificados. Los niños necesitan que las clases sean sucintas y claras. Las historias de clasificación R que están en la Biblia deben editarse para los auditorios más jóvenes. Los diversos temas deben abordarse teniendo en cuenta su limitada experiencia y madurez mental. Algunas clases no pueden avanzar a la velocidad de un curso de adultos porque a los niños les faltan los demás conocimientos que tienen los adultos. Pero los niños son capaces de aprender mucho más de lo que pensamos.

Por tanto, hay que tomar algunas cuantas historias y estudiarlas bien. Tomemos tiempo para aprender las palabras nuevas y difíciles. Vayamos al corazón de la historia, veamos qué papel juegan los detalles y luego vayamos y comparémoslos con lo que sucede en nuestras propias vidas. Si el libro de texto tiene solo un sumario muy corto y simple del tema que estás enseñando, eso no significa que debes enseñar a ese nivel. Tú eres el adulto. Busca los detalles del tema y decide cómo puedes dar una clase que vaya más allá de lo que dice el sumario del libro de texto. Veamos algunas formas de darle más contenido a una clase demasiado escueta y de captar la atención de niños que comienzan a razonar.

### Enseña las palabras difíciles del vocabulario

A los niños pequeños les gustan las palabras grandes. Es divertido aprender a pronunciar cuidadosamente palabras como

"Mesopotamia" y "Anunciación". Pronuncia la palabra lenta y claramente ante la clase. Haz que los niños la repitan sílaba por sílaba:

"Me". *"¡Me!"*.
"So". *"¡So!"*.
"Po". *"¡Po!"*.
"Ta". *"¡Ta!"*.
"Mia". *"¡Mia!"*. Finalmente llegas a *"Me-so-po-ta-mia"*.

Y después haz que la digan un poco más rápido y después otro poco más rápido y nada más. No digas la palabra demasiado rápido. Deja que cada niño practique diciéndola en voz alta por sí solo. Felicítalos. A los niños pequeños les gusta mostrar cómo son capaces de decir la palabra "Mesopotamia".

Y por supuesto, dales la definición o contexto. "Abraham vino de Ur en Me-so-po-ta-mia" (una estrella sobre un mapa grande puede ser de ayuda aquí).

Entonces pregunta: "¿De dónde vino Abraham?". Los niños responden uno por uno: *"¡De Ur, en Mesopotamia!"*.

Y después, "¿Quién vino de Ur, en Mesopotamia?". *"¡Abraham!"*. Es mucho lo que has enseñado. Los niños pequeños solo pueden aprender eso en una clase. Pero es divertido y pone las bases para estudios futuros.

## Memoriza en grupos de tres

Organiza tu clase para enseñar tres cosas. Comunica claramente las tres cosas que vas a enseñar y haz una breve definición o explicación que acompañe a cada palabra.

*Padre, Hijo, Espíritu Santo.*
*Diácono, sacerdote, obispo.*
*Materia grave, pleno conocimiento, perfecto consentimiento.*
*Abraham, Isaac, Jacob.*

Durante el periodo de clase, haz que los niños coreen las tres cosas en voz alta y en grupo. Después, pueden ofrecerse voluntariamente para decir de forma individual las tres cosas. Esto debe ser divertido; tú debes sentirte feliz al ver todo lo que están aprendiendo y ellos deben darse cuenta de que tú estás satisfecha con su capacidad para aprender. Usa tu explicación o definición breve para hacer preguntas que se respondan en voz alta. ¡Entusiásmate!" Es como un rally de porras en el que los alumnos gritan la palabra ganadora.

Algunas preguntas pueden responderse con las tres palabras del grupo, como: "¿quiénes forman a la Santísima Trinidad?" y "¿cuáles son las tres condiciones para el pecado mortal?". Otras preguntas pueden pedir a los niños que digan cuál de las tres palabras corresponde a la definición: "¿quién es el padre de Isaac?" o "¿cuál miembro del clero tiene a su cargo la diócesis?".

## Juega a "Las tres pistas" para repasar el vocabulario

Toma las definiciones que los niños han aprendido y úsalas para crear un juego de adivinanzas. Di tres pistas. Los niños pueden decir la respuesta tan pronto como la adivinen. Lee las tres pistas y haz que toda la clase diga la respuesta, incluso si alguien ya había dado la respuesta antes de que dieras todas las pistas.

*"Viajó de su tierra natal Ur, en Mesopotamia, a la Tierra Prometida".*
*"Estaba casado con Sara".*
*"Su hijo era Isaac".*

Para la tercera pista, los niños deben estar gritando *"¡Abraham!"*. Fíjate cómo el siguiente bloque de pistas ayuda a enseñar varias clases en una:

*"Es una de las tres personas de la Santísima Trinidad".*
*"La Biblia dice que él es la Palabra de Dios".*
*"Se hizo hombre y nació de la Virgen María".*

En la primera pista, los niños están dando respuestas del bloque de contenidos que aprendieron antes. La segunda es una importante enseñanza que todo católico debe dominar. La tercera hasta cierto punto ya no es tal, revela la respuesta y arroja luz sobre las primeras dos.

Recuerda que a los niños pequeños les gusta repetir las cosas. Van a estar felices si les pides que respondan a las mismas preguntas semana tras semana, porque se sienten satisfechos de poder completar una y otra vez el mismo rompecabezas.

## Di lo opuesto. Usa preguntas extrañas para llamar la atención de los niños y hacerlos llegar a la verdad.

Todos los chistes giran alrededor de una comparación. Entre adultos, las comparaciones pueden ser muy sofisticadas: un jesuita, un dominico y un cisterciense están en una isla desierta…

A los niños les gustan los juegos de opuestos:

Tú dices: "Cuando Jesús quería hablar con su Padre, tomó su celular, ¿verdad?".

Los niños gritan: *"¡Nooo!"*.

"¿Entonces cómo hizo para hablar con su Padre?"

*"¡ORÓ!"*

"Ah, es verdad, oró…".

Se puede llegar a cualquier punto de una clase a través de afirmaciones extrañas u opuestas. "María y José viajaron a Belén, por tanto, primero fueron a internet y compraron unos boletos de avión…". "San Martín de Tour vio al pobre y simplemente siguió adelante, ¿verdad?". "Los papás de santa Clara no quería que siguiera su vocación religiosa, por ello, se quedó con sus papás y se casó, ¿verdad?".

Algunas veces, los alumnos van a saber la respuesta correcta, otras, vas a tener que llevarlos de la mano. "¿Cómo viajaba la gente en tiempos de Jesús?". "¿José era muy rico y tenía todo un ejército de caballos que tiraban de un hermoso carruaje?".

Este método es divertido, pero, todavía más importante, permite a los alumnos llegar a las conclusiones por sí mismos. Hace que el aprendizaje sea más activo y personal, y podemos esperar que van a recordar la clase en el futuro.

## #4
## Los niños tienen una gran imaginación

Los adultos exigen elaborados disfraces y películas filmadas en el mismo lugar de los hechos; los niños, una corona del Rey Arturo, hecha con un trozo de papel aluminio doblado y ajustada con popotes. Aprovecha este inmenso poder infantil despertando la imaginación de tus alumnos.

### Usa objetos y útiles didácticos

¿Sabías que, en su infancia, san Martín de Porres recibió clases para convertirse en barbero-cirujano? Fue una preparación que sirvió para dar forma a su futura vocación. Cuando presentamos la vida de san Martín de Porres, usamos tres accesorios: un par de tijeras, un estetoscopio y un gato de peluche. "Barbero-cirujano" es una extraña palabra que no tiene mucho sentido para los oídos modernos. Ver a un adolescente que finge cortar el pelo y escucha los latidos del corazón ilustra la profesión más claramente que cualquier explicación sobre la historia de la medicina. ¿Por qué un gato? Entre muchas de sus obras de caridad, ¡san Martín fundó un hospital para animales!

Usar accesorios ayuda a los alumnos a ver lo que es difícil de explicar. Es también una forma de despertar su curiosidad. ¿Para qué son esas tijeras? ¿Por qué trajo la maestra un gato? Cuando pones un objeto sobre la mesa, surge una pregunta en la cabeza del alumno, una pregunta que se responderá a lo largo de la clase.

## Haz representaciones

En un curso de verano sobre la Biblia, nuestro grupo estaba haciendo una representación en la que compartían la comida como hacían los primeros cristianos. Teníamos comida de plástico –pan y uvas–, algunas bandejas, una jarra vacía y las manos en forma de concha hacían las veces de vasos. Los niños con gusto pasaron cinco minutos haciendo como si sirvieran y comieran todo. En un momento, un niño de kínder encontró una canasta con pulseras de plástico en una esquina del salón que eran para otra actividad. Trajo la canasta y dijo: "¿Quién quiere espagueti?".

Este tipo de juegos puede ser sofisticado. Si es un evento especial, puedes preparar toda una serie de objetos e invitar a los niños a recrear una historia completa de la Biblia. Pero también pueden ser cortas y sencillas. Dedica dos minutos a revisar el cuarto y a pastorear parejas imaginarias de animales hasta un arca también imaginaria (y saquen sus paraguas imaginarios cuando comience a "llover"). Tira una red invisible desde tu bote de pescar invisible (tu escritorio) y pide a más y más alumnos que te ayuden a sacarla, porque milagrosamente se ha llenado completamente de pescados. Viaja desde la esclavitud de Irlanda con san Patricio (comenzando en el pizarrón), alrededor del salón de clase usando un bote imaginario que te lleve a la libertad en la Galia.

Los juegos en que se hacen representaciones son la forma en que los niños exploran las ideas. Actuar los detalles de una historia les ayuda a recordarlos. Captar la imaginación usando representaciones para estudiar la Sagrada Escritura es la antesala para la *Lectio divina*.

## Ten voluntarios que te ayuden a hacer las representaciones

Aprecio mucho a mi DER porque valora tanto una espada de espuma como yo. En el caso de santa Juana de Arco, elegimos a cuatro adolescentes para que hicieran los papeles de santa Juana, el general francés, el delfín y el general inglés. Los niños vieron la representación de los adolescentes mientras yo narraba la introducción de la historia.

Después organizamos un ejército. Ocho pequeños usaron espadas de espuma suave y actuaron las batallas entre los ingleses y los franceses. Tuvimos solo dos: una en la que los franceses "vencieron", la cual representaba todas las misiones exitosas guiadas por santa Juana. Hicimos una pausa para coronar al delfín después de recuperar Orleáns. La segunda batalla representó la batalla final de santa Juana en la que fue capturada por los ingleses. Entonces los ocho pequeños reclutas se sentaron y los adolescentes terminaron la representación.

Todas las historias de la Biblia y las vidas de los santos tienen algo que puede ser representado por uno o más voluntarios. A menudo puedes pedir a un alumno que te ayude para hacer más clara una explicación, por ejemplo, le puedes pedir que muestre cómo se debe recibir la Comunión o represente a un sacerdote cuando estás explicando la Confesión. Involucrar a los alumnos en la clase le concede a esta vitalidad y suspenso –¿ahora qué les va a pedir el maestro que hagan?– y ofrece una oportunidad para aquellos alumnos a los que les gusta la actuación.

## A los niños les gustan los juegos

Hay un momento y un lugar para que los niños cristianos se reúnan y simplemente jueguen con el único propósito de hacer amigos, disfrutar y estar juntos en un ambiente sano y lleno de respeto. Este es uno de los objetivos de nuestros programas de Educación Religiosa para vacaciones y días de descanso. Sin embargo, dentro del programa de Educación Religiosa, los juegos deben ayudar a *alcanzar* determinados objetivos. ¿Diversión? Sí. Pero deben ayudar de alguna forma a reforzar lo enseñado en clase. Usa ampliamente juegos didácticos y, de forma esporádica, juegos de mera diversión. Es un equilibrio parecido al de vegetales frescos con una rica salsa y un pudín de chocolate como postre. Prepara una comida rica, pero asegúrate de que sea también nutritiva. El postre debe aparecer como un regalo. Hemos hablado antes de la posibilidad de adaptar juegos como El ahorcado o Veo veo al programa de Educación Religiosa. Veamos ahora algunos juegos que implican una mayor actividad física y que pueden usarse con los niños más pequeños. Las sugerencias para los juegos que se muestran aquí abajo son solo un punto de partida. Puede ser que no se ajusten a las necesidades de tu clase, por tanto, ten siempre otro juego de reserva en caso de que el programado no funcione. Hay muchos libros que dan ideas de juegos para todas las edades. Es posible que tu DER tenga algunos. Consúltalos para ver ideas.

### Ten actividades físicas relacionadas con la clase y dirigidas por el maestro

Los niños pequeños están hechos para moverse. Necesitan una determinada cantidad de tiempo con actividad física. Por desgracia, es posible que los alumnos lleguen a clase después de un largo día en que se les pidió que estuvieran quietos en su lugar. Los juegos físicos relacionados con la clase y dirigidos por el profesor son una forma de satisfacer esta necesidad de movimiento sin tener que sacrificar la clase.

Algunas sugerencias:

○ Asigna a los alumnos una serie de acciones físicas que estén relacionadas con la historia de la Biblia y pídeles que las hagan cuando se lo indiques. Por ejemplo, marchar en su lugar cada vez que hables de los israelitas caminando a través del Mar Rojo o en el desierto.

○ Haz juegos de repaso usando acciones físicas para la respuesta, como, "si digo algo que es verdad, salten sobre un pie y agiten las manos; si digo algo que es falso, cúbranse los oídos y muevan su cabeza para decir no".

○ Practica la oración "física" y otros actos de devoción como hacer la señal de la cruz, una genuflexión o inclinarse hacia el altar con atención y precisión. Cualquier niño que puede estudiar baile, karate o aprender a andar en patineta, puede aprender también "los pasos" para conducirse en la iglesia.

○ Improvisa cantos animados como "Yahvé luchó la batalla Jericó" y "Se levantó y brilló". Si los cantos tradicionales de la Escuela Bíblica les resultan aburridos o predecibles, incluye variaciones e invita a los alumnos a crear sus propias versiones (muy probablemente, las canciones menos recientes pero que se siguen escuchando, serán novedosas para una generación que creció rodeada de videojuegos y música electrónica).

Vas a tener que programar algunas actividades para descargar energías cuya finalidad no sea otra que serenar a los alumnos. Detén la clase y pídeles que se pongan de pie y hagan algunos ejercicios o bailen acompañados de una canción. Puedes organizar un juego en el que los alumnos se muevan cuando esté sonando la música y se pongan de pie perfectamente rectos cuando la música se detenga, de forma que reciben una recompensa por practicar el control de sí mismos y por seguir las instrucciones. Si tienes el personal y el espacio, los que sean particularmente activos pueden ir al gimnasio y dar algunas vueltas corriendo, mientras que los más tranquilos pueden estar coloreando en el salón de clase.

## Usa juegos que requieran cierta pericia para reforzar lo explicado en clase

Este tipo de juegos son una válvula de escape para la energía de los alumnos, pero requieren también atención y concentración. Si tienen un grado de dificultad razonable –ni muy difíciles, ni muy fáciles– pueden dar a los alumnos un sentido de satisfacción por lo alcanzado. Prácticamente cualquier juego puede relacionarse fácilmente con una historia de la Biblia, la vida de un santo o una lección de catecismo. Estos son algunos juegos que hemos usado en nuestra parroquia:

- ⭘ Lanzar monedas a un zapato que está a cierta distancia después de hablar sobre san Nicolás.
- ⭘ Patear un balón a través de un campo lleno de conos naranjas sin tocar ninguno, algo semejante a lo que deben hacer los alumnos para evitar situaciones y personas que les pueden crear problemas o inducir al pecado.
- ⭘ Hacer corriendo un recorrido en el que los compañeros de equipo vayan limpiando uno detrás de otro, al igual que sucede en la vida real donde tenemos que perdonarnos unos a otros y ayudarnos mutuamente.
- ⭘ Disparar flechas de espuma a un blanco, para recordar la admonición de san Pablo: "aspiren a los carismas más elevados" (1 Cor 12:31).

Estos juegos no son una clase en sí mismos. Algunos alumnos se darán cuenta de que la acción física les ayuda a asimilar la enseñanza del día. Llegar a estos "alumnos físicos" es el principal objetivo de estos juegos.

Algunos de tus alumnos, sin embargo, no van a recordar la enseñanza que el juego quería transmitir; ellos disfrutaron el juego, simplemente porque era divertido. Si el juego no está quitando más tiempo de clase del debido, no hay problema. Habla con tu DER o con tu párroco para saber cuánto tiempo de juego es el adecuado para un determinado grupo. Nuestra parroquia reserva los juegos que implican correr mucho para eventos especiales o para los niños más chicos. Los niños no tan pequeños por lo general no necesitan descargar energías de forma física como sucede con los más pequeños, por tanto, su tiempo de clase durante el curso de Educación Religiosa será mejor empleado en actividades estrictamente didácticas. Pero una sana dosis de diversión es una buena forma de festejar un día especial.

Hemos visto en este apartado cómo trabajar con niños pequeños. Volvamos ahora a un problema que se presenta con mayor frecuencia en alumnos de mayor edad: mantener despiertos e interesados a los que llevan varios años de Educación Religiosa sin confundir a los que acaban de llegar, los cuales apenas están aprendiendo los rudimentos de la fe.

# CÓMO ENSEÑAR A ALUMNOS AVANZADOS Y A ALUMNOS PRINCIPIANTES EN EL MISMO SALÓN DE CLASE

El aburrimiento es el principal enemigo del buen comportamiento. Dar una clase interesante y rica en contenido es la mejor solución. ¿Pero, cómo haces eso, cuando algunos de tus alumnos conocen bastante la fe y otros es la primera vez que vienen a clases de Educación Religiosa?

Si eres una de esas catequistas "afortunadas" a las que les toca enseñar a una clase en la que debe entrar todo tipo de alumno, ¡no te desesperes! Si haces una cuidadosa planeación, podrás enseñar y repasar los elementos básicos y mantener la atención de toda la clase con nuevos e interesantes detalles sobre la fe, y dar a todos materia para reflexionar y crecer personalmente. Esta es una técnica sencilla, con tres partes, para dar catecismo a una clase con diversos niveles.

### PRIMERA PARTE:
### Principios básicos

Escoge los contenidos esenciales, los que deben ser memorizados, aquellos que los alumnos necesitan dominar. Haz una lista: la Santísima Trinidad, los sacramentos, el Credo, oraciones importantes para memorizar. Dedica una pequeña parte de cada clase a explicar, memorizar y repasar estos contenidos. Espárcelos en la clase a intervalos de cinco minutos o, cuando mucho, veinte, para repasarlos sistemáticamente. Usa una palabra clave fácil de reconocer para hacer saber a los estudiantes nuevos que vas a explicar algún elemento básico de la fe y haz saber a los alumnos más avanzados que eres consciente de que ellos ya vieron eso. Por ejemplo: "Vamos explicar ahora algunos elementos básicos de la fe que es importante que todos entendamos. ¡No hay preguntas tontas! Quiero estar segura de que todos entienden lo que aparece en los folletos. Algunos de ustedes ya han visto esto y, si este es tu caso, quiero estar segura de que memorizaron las definiciones perfectamente".

Además de estas cosas básicas, incluye en tu clase principal aquellas cosas que vayan a aparecer en un examen formal. Haz repasos frecuentes de la información que los alumnos van a necesitar para responder correctamente a las preguntas del examen (si en el examen hay mucha más información que en "Catolicismo 101", vas a tener que dedicar más tiempo de clase a este punto).

Di a los alumnos que no hay problema si no entienden o si no recuerdan todo lo que se ha dicho en la clase, pero que necesitan dominar esa información. Reparte folletos, hojas de trabajo y guías de estudio que ayuden a los alumnos a centrarse en lo esencial.

Con alumnos mayores, si el tiempo lo permite, puedes enriquecer tus explicaciones sobre los elementos básicos de la fe con explicaciones más amplias. Por ejemplo, podría suceder que la guía de estudio ofreciera una definición más o menos sencilla de la Encarnación. Tus alumnos que apenas comienzan deberán centrarse en esto. Después, toma unos minutos para decir algo como, "ahora voy a añadir algunos detalles que no necesitan memorizar pero que pueden ser interesantes". Y entonces puedes añadir, por ejemplo, algunos detalles históricos de las polémicas que llevaron a la formulación del Credo de Nicea.

Termina tu explicación recordando a los alumnos que no tienen que memorizar todo lo que se acaba de decir. Vuelve otra vez a los elementos básicos de la fe y asegura a los alumnos que solo tienen que dominar los pocos puntos que están subrayados en la guía de estudio. Las explicaciones extra ofrecen algo para reflexionar a los alumnos más avanzados, mientras que la guía de estudio es en cambio cien por ciento repaso.

Cuando estés decidiendo si debes dar una clase a todo el grupo, analiza bien hasta dónde conocen la materia los diferentes alumnos. Otra forma de dar la clase sobre los elementos básicos de la fe es dividir la clase en dos o más grupos. Los alumnos más avanzados pueden trabajar en silencio en un estudio bíblico o en un proyecto de equipo, mientras tú ayudas a los recién llegados a estudiar el material introductorio. Podría haber un tercer grupo dedicado a repasar aquellos puntos que todavía no dominan cómo deberían.

### SEGUNDA PARTE:
## Herencia e historia

Complementa la enseñanza de los elementos básicos de la fe con historias de la Biblia, vidas de santos y devociones. ¡Los alumnos no tienen que memorizar todo esto! Procura que sea algo interesante. Busca tú misma las historias de modo que puedas contarlas de forma atractiva. Si bien conviene incluir a los santos más conocidos, los pasajes de la Escritura más famosos y las oraciones más comunes, también incluye algunos menos conocidos que probablemente los alumnos más avanzados todavía no conozcan. Esta parte de la clase debe ser como ver una buena película: llena de detalles interesantes, mentalmente renovadora y relajante.

Esta es otra forma de ver tus clases: estás introduciendo a tus alumnos en su familia de la fe. Estos son la gente y las historias, y las tradiciones de su herencia espiritual. Nosotros no hacemos que nuestros hijos conozcan su herencia, obligándolos a memorizar las fechas de nacimiento de todos sus primos segundos o dándoles una serie de datos inconexos sobre la forma en que se ha vivido el día de Acción de gracias en la familia. Introducimos a nuestros hijos en su herencia contándoles la historia de cómo el abuelo conoció a la abuela; les hablamos de las tradiciones de la familia yendo a la cena del día de Acción de gracias o dejando a los niños que ayuden a preparar la salsa de arándanos. De la misma forma, esta parte de la clase hace que los alumnos se relajen y "conozcan a la familia" de nuestra fe católica.

## TERCERA PARTE:
## Crecimiento personal

Las exigencias de la vida cristiana son siempre nuevas. Podemos haber aprendido los Diez mandamientos y el Mandamiento del amor cuando éramos niños, pero estos se aplican de modos muy distintos a un niño de seis años y a un señor de sesenta. Sin importar que tu alumno acabe de llegar a la fe o la haya practicado durante más de una década, siempre está la necesidad de crecer y llevar la vida cristiana al siguiente nivel.

Podrías preguntarte cuán "maduros" son los niños en estos días o qué tipo de dificultades, que tú nunca encontraste, encuentran ellos. ¡Simplemente pregunta! Comienza una reflexión en común con algo como, "¿sobre qué cosas suelen tener la tentación de mentir los niños de tu edad?". Después de escuchar, invítalos a hacer una tormenta de ideas para evitar esas tentaciones o a compartir anécdotas de gente a la que ellos conozcan que hicieron lo correcto en circunstancias similares. Es muy probable que a los alumnos mayores les guste hablar de cómo sus vidas y dificultades son ahora distintas de cuando eran más chicos.

## Cómo sacar el mayor provecho
## al sistema de las tres partes

Combinando las tres partes como tres "capas" de tu clase, puedes hacer una clase que ayude a todos. No se trata simplemente de dos clases que corren paralelas. A los alumnos principiantes se les enseñan las cosas básicas de la fe de forma explícita y con una dosis modesta cada semana. Los alumnos más avanzados reciben un breve repaso, pero se pone ante ellos suficiente materia nueva con exigencias para su vida personal, de forma que se les da un contenido sólido para reflexionar en cada clase. Para los que apenas comienzan, los temas extra son una forma de entrever cómo se aplican los fundamentos básicos de la fe; para el alumno más avanzado, repasar los elementos básicos en el contexto de nuevas historias arroja nueva luz sobre las cosas que aprendieron en los años anteriores.

**Sin importar otras cosas, asegúrate de responder la pregunta más importante del Evangelio: "¿qué debo hacer para salvarme?"**

Es impresionante cuán fácilmente podemos perder de vista esta verdad esencial a la hora de explicar otros detalles sobre la fe. Ponte como objetivo presentar el Evangelio una vez más en cada clase. Solo una frase o dos es todo lo que necesitas. Los alumnos te van a sorprender con sus preguntas al tratar de entender cómo el problema de la salvación les afecta en este momento. Llega a tu clase con el corazón de alguien que anuncia el Evangelio y el resto caerá en su lugar por su propio peso.

## La trampa del "todo lo que necesito saber sobre Jesús"

¿Has tenido alguna vez un momento profundo de intimidad con Dios? ¿Un momento de claridad, cuando de pronto todo el ruido y los detalles de la vida de fe de cada día parecen desaparecer y fuiste tocada por la inmensa sencillez del Evangelio? Te das cuenta en un momento de que basta con el amor de Dios o que todas tus preocupaciones acerca de una decisión difícil eran innecesarias porque lo único que importaba era confiar en la gracia de Dios y en su Providencia. O quizás has entendido erróneamente un aspecto de la fe y de pronto te das cuenta de que habías estado distraída con muchos detalles y unas cuantas palabras te llevaron nuevamente a pisar sobre terreno sólido.

No cedas a la tentación de convertir estos momentos de tu maduración espiritual en el único contenido de tu clase.

Sí, es verdad, el amor en sí mismo basta. Dios siempre provee. Da tu corazón a Jesús y todo lo demás se te dará por añadidura. Estas importantes verdades deben ser un convincente estribillo en tu enseñanza, pero tu clase de Educación Religiosa no puede ser una hora de meditación de una sola idea. La mente de los alumnos no trabaja así. En lugar de ello, toma tu idea clave –quizás, en el caso de sacramento de la Reconciliación, te quieras centrar en la misericordia de Dios o en la idea de volver tu corazón a Jesús– y usa esa idea como el tema central alrededor del cual expliques todo lo demás.

Vuelve al estribillo varias veces a lo largo de la clase, pero entre uno y otro pon las estrofas. En nuestra clase sobre la Confesión, la "primera estrofa" podría hablar de por qué tenemos este Sacramento; la "segunda estrofa" podría explicar cómo se celebra el Sacramento, dando oportunidad de practicar con un compañero que haría las veces de confesor; la "tercera estrofa" podría contar la historia de un santo sacerdote que estaba disponible para escuchar las confesiones a cualquier hora del día o de la noche. Así se muestra la importancia de este Sacramento para la vida de los fieles. Entre esas explicaciones, vuelve a esas dos palabras –"misericordia" o "arrepentimiento"– o cualquiera que al parecer exprese la esencia del Sacramento.

Aquí no hay una sola respuesta, confía en que Dios te ha puesto en esta clase hoy porque quiere que compartas tu propia experiencia de fe. Los alumnos necesitan conocer a otros católicos, necesitan el testimonio de diversos maestros. En el siguiente capítulo veremos cinco momentos en que los alumnos pueden sentirse alejados de la comunidad de fe. Como catequista, te podrás preguntar cómo hacer para involucrar a cierto tipo de alumnos. Veamos cómo podrías acoger a todos los alumnos que crucen la puerta de tu salón de clase.

# 6

# CÓMO HACER UNA CLASE QUE INVOLUCRE A TODOS LOS ALUMNOS

Algunos alumnos se enfrentan a tremendas dificultades en su vida personal. ¿Cómo debo actuar cuando la situación de un alumno interfiere con su capacidad para participar en clase? Como catequista, no se espera de ti que hagas un diagnóstico o cures a tu alumno. Tu trabajo es acoger a todos y encontrar la forma de involucrarlos en la clase de la mejor forma posible. En este capítulo vamos a analizar rápidamente cinco situaciones que suelen presentársele a un catequista. Sin duda vas a encontrar otro tipo de dificultades, por tanto, toma los principios generales que aquí se dan y adáptalos según sea necesario. Dos de las situaciones que vamos a analizar están relacionadas con el comportamiento inusual o difícil de un alumno; en los otros casos se trata sobre todo de escoger un temario bien hecho y flexible, y ser sensibles a las necesidades de los alumnos. Este capítulo se centra en el principal factor que influye en el éxito de tu clase como catequista y la única cosa que de hecho puedes controlar: tu propio comportamiento.

## El alumno indiferente

Este alumno llega a la clase con su cuerpo, pero permanece encerrado en un caparazón de indiferencia. Puede ser que nunca se mueva, que no hable y que evite el contacto visual. Puede mostrar intensas emociones, como llorar o agitarse silenciosamente o puede no manifestar ninguna emoción.

**Causas:** a menudo no las puedes saber. Puede ser que esté atravesando por un conflicto familiar o que se encuentre en una desgastante situación emocional. Puede ser que venga a clase en contra de su voluntad o quizás tiene alguna dificultad de comportamiento y esa es la forma en que responde a la presión de estar en tu clase hoy.

Recuerda que los niños a menudo no puede escoger si ir o no a clase. Tú y yo, como somos adultos, a menudo podemos escoger nuestras actividades. Si nos da pavor hablar en público o no nos gustan las actividades en grupo, escogemos un pasatiempo distinto o acorde con nuestras cualidades. Si tenemos programado un compromiso y una dificultad imprevista nos deja emocionalmente exhaustos, sin poder participar, podemos pedir que nos disculpen por ese día. Y cuando tenemos un compromiso social que nos desagrada, tenemos la experiencia y la madurez emocional para poner buena cara y asistir. Los niños no tienen estas opciones ni recursos.

**Tu respuesta:** Por lo general estos alumnos no causan problemas de disciplina, por tanto, no hay que hacer nada en el momento, excepto ser amables y ofrecer una acogida amigable y normal (no te preocupes si él o ella no reaccionan; espera y analiza). Da tu clase como lo tenías planeado y si el alumno no se involucra ni participa, no trates de forzarlo.

Algunas veces, es posible lograr que este tipo de alumnos participe en las actividades porque tienen tu atención personal, cercana y respetuosa. Si así sucede, qué bueno. Pero ese no será siempre el caso. Presta atención y usa tu criterio. Si no estás segura, no presiones.

Si hay un momento en que los alumnos tengan que moverse de sus escritorios a otro lugar, pregunta al alumno que no se involucra si quiere seguir con la clase o si prefiere quedarse donde está. Ten un asistente disponible en caso de que el resto de la clase vaya a moverse a otro salón. Dile al interesado que cualquier cosa que escoja estará bien.

Aprovecha el tiempo en que los demás alumnos estén trabajando solos para ir a hablar con él o ella. Hazle saber lo siguiente:

○ "Me da gusto que hayas venido a mi clase".
○ "Siempre me da gusto tenerte aquí".
○ "No tienes que hacer nada que no quieras".
○ "Dios te ama y eres importante para él".

## ¿Qué debo hacer si sospecho que un niño ha sido abusado?

La introversión o un comportamiento muy inestable no siempre son signo de un problema serio, pero ciertamente pueden serlo. En muchos estados, los catequistas son "denunciantes obligados". Eso significa que si tú crees que un niño ha sido abusado, estás obligado por ley a reportar tus sospechas a la policía. Independientemente de la ley local, todos tenemos una sagrada obligación de proteger a los niños de posibles abusos. Nunca será aceptable abandonar conscientemente a un niño a un ambiente en el que puede sufrir abusos. Puedes leer más sobre este tema en virtus.org.

## El alumno atrapado en una guerra religiosa

Este alumno tiene padres o abuelos católicos, pero otro familiar cercano se opone fuertemente a las enseñanzas de la Iglesia. Es posible que le hayan dicho que está mal rezar a los santos, rezar el avemaría o recurrir a los sacramentales y usar imágenes para orar. Puede suceder que amigos o familiares bien intencionados le hayan dicho que el Catolicismo es una forma malvada de culto pagano. O le pueden haber dicho que el Cristianismo no es otra cosa que un conjunto de supersticiones y fábulas.

Si sabes que tu alumno ha sufrido alguna de estas presiones dile lo siguiente:

○ "Me da gusto que estés en clase hoy".

○ "Mi misión es enseñarte la fe católica, pero no puedo forzar a nadie a hacerse católico. Te respeto y me intereso por ti sin importar en qué creas".

○ "No quiero que hagas nada que te haga sentir mal. Participa cuando quieras, no me voy a enojar o a disgustar si hubiera algo que tú preferirías no hacer hoy".

○ "Si tienes preguntas sobre lo que los católicos hacen o dicen, me dará gusto respondértelas lo mejor que pueda. No me molesta que alguien haga una pregunta honesta".

Durante el tiempo de clase, pon atención y sé respetuosa en la forma en que hablas de otros credos, independientemente de que haya niños o no que convivan con diversas religiones. Eso **no significa** que debes enseñar que "todas las religiones en el fondo son lo mismo" o "no importa en qué crees". **Significa, más bien, que eres respetuosa con todas las personas** y reconoces que es posible que no todos acepten la fe católica, incluso si son honestos y serios en su deseo de conocer y servir a Dios.

## El alumno con fuertes problemas de comportamiento

No se trata del niño que hace reír a toda la clase porque no puede dejar de hablar. Es el alumno que no tiene un comportamiento adecuado a su edad, probablemente debido a un serio problema que no se manifiesta a primera vista. Puede afectar a la disciplina de todo el grupo, ser inquieto o incapaz de seguir las normas sociales más elementales. Los desórdenes en el comportamiento pueden ser frustrantes, pero vale la pena el esfuerzo para lograr que ese niño o niña se integre con el salón de clase y con la comunidad parroquial. Esto es lo que necesitas saber:

**Todos conocen ya el problema**
Los padres lo saben. El mismo alumno lo sabe. Los demás alumnos lo saben. Nadie se hace ilusiones y saben que este niño solo necesita "tener paciencia" o "encontrarse a sí mismo". No es una falta de dominio personal lo que está causando sus problemas.

En consecuencia, está bien hacer algunas excepciones para él o ella. Dale trabajos o encargos en clase que aprovechen sus fortalezas y lo protejan de sus debilidades. Exéntalo de actividades que sean difíciles para él. Ten a un asistente para que trabaje con él de forma personal cuando sea necesario.

**Analiza hasta dónde puedes modificar tu clase de forma que ese niño o niña pueda participar lo más posible.**
Comunícale tus expectativas de forma clara y explícita. Simplifica tus actividades de forma que estén al alcance de la capacidad del alumno para controlarse y seguir indicaciones. Es posible que necesites echar mano de juegos no competitivos, incluso en una edad en que los otros alumnos se sienten a gusto con juegos de ese tipo. Presta atención a aquellas situaciones que pueden mortificar a tu alumno, como los ruidos fuertes o un ambiente caótico.

**Es posible que tu alumno no tenga el mismo sentido de los límites físicos que los demás alumnos**
Puede ser un niño muy brusco o, por el contrario, puede ser muy sensible al contacto físico ordinario. Puede tener dificultad para

serenarse después de juegos que son excitantes o que exigen mucha actividad. Evita ponerlo en una situación en la que necesitará un dominio de sí mismo que todavía no tiene.

**Es posible que tu alumno no pueda quedarse en el salón durante todo el período de clase.**
Puede ser que tenga muy poca tolerancia al aburrimiento o que no sea capaz de hacer los trabajos de clase que están más allá de su capacidad. La clase puede ser demasiado larga para él o ella. Un asistente puede tener con él una actividad alterna durante una parte del periodo de clase.

**Dile explícitamente a tu alumno que estás feliz de que venga a clase**
Los alumnos con dificultades de comportamiento necesitan una comunicación clara. Dile en voz alta y explícitamente: "John, me da mucho gusto verte hoy", "María, me alegra que hayas podido venir a clase hoy".

La madurez y el dominio de uno mismo son rasgos que pueden darse de diversas formas. La comunicación clara, la clase adecuada y el manejo activo del ambiente en clase pueden ayudar a todos los alumnos. Como líderes cristianos, es absolutamente necesario que brindemos nuestro apoyo al alumno que "no encaja". **No se debe tolerar ningún tipo de burlas, bromas a costa del otro, acoso escolar o rudeza.**

## El alumno retrasado académicamente

Este alumno o alumna está en el grupo que le corresponde por su edad, a pesar de no ser capaz de trabajar al mismo nivel académico que los demás alumnos. Puede tener una obvia discapacidad cognitiva u otra más difícil de detectar que le afecta solo cuando hace cierto tipo de actividades. *Qué hacer:*

○ Planea aquellas actividades en que le sea más fácil participar.

○ Es posible que el alumno, a causa de su misma discapacidad cognitiva, se esté sometiendo a un tratamiento que le impide hacer la cantidad de lectura o escritura que debería hacer. No trates de adivinar lo que piensan los papás o el psicólogo; si no estás segura de la conveniencia de una determinada tarea, pregunta.

○ Cuando des trabajos a los alumnos para que los hagan en su escritorio, pídele a él o ella un trabajo similar adaptado a sus necesidades académicas.

○ Procura que los juegos y las actividades de repaso se hagan en equipo de forma que ningún alumno quede como el único que no sabe las respuestas (y prepárate para una sorpresa: tu alumna con necesidades especiales puede ser la que se sabe el catecismo mejor que nadie).

○ Simplifica las indicaciones para la actividad y preséntalas claramente.

○ Evita situaciones que pongan a tu alumno en evidencia o lo hagan avergonzarse porque no puede estar al nivel de los demás.

○ Busca oportunidades para que ejercite sus cualidades y las comparta con el resto de la clase.

Ten presente que las dificultades para el aprendizaje, como la dificultad para procesar palabras escritas, para hacer movimientos motrices precisos o para seguir una plática en un ambiente lleno de ruido, pueden afectar a alumnos con capacidad intelectual normal o elevada. Presentar la materia de diversas formas permite a los alumnos concentrar su atención en aquella que más les ayuda.

Independientemente de la capacidad académica de tus alumnos, lee en voz alta cualquier información escrita que sea importante que ellos conozcan. Si los alumnos acaban de leer un pasaje de la Biblia en silencio, tú como maestro debes leerlo en voz alta antes de hacer la reflexión en común. Si el curso está trabajando en una guía de estudio escrita, tú como maestro debes leer en voz alta cada pregunta, antes de dar la respuesta. Si los alumnos se turnan para leer el texto en voz alta, puedes pedir voluntarios que lean bien y con claridad, o puedes repetir textualmente lo que lee el alumno o repetir simplemente la idea principal.

## Alumnos con discapacidades físicas

Si bien puede haber alumnos con una discapacidad permanente y significativa, la mayor parte de lo que diremos a continuación se aplica a alumnos con problemas menores o temporales. Los pequeños actos de consideración, nacidos del espíritu de compañerismo, pueden ayudar enormemente a que tu alumno disfrute la clase.

*No cedas a la tentación de hacer un comentario ingenioso o un chiste.* En el mejor de los casos se te va a ocurrir algo que tu alumno ya ha escuchado unas treinta veces; en el peor de los casos, vas a decir algo verdaderamente fuera de lugar y vas a ser recordada por siempre como "la catequista que dijo aquella tontería". El hecho de que tu alumno sufra una discapacidad poco común o llamativa, no te obliga a "pensar en algo que decir". Lo mejor es decirle simplemente: "hola", "¿cómo estás?", "qué gusto verte", "hoy vamos a tener una clase muy interesante". En otras palabras, exactamente lo mismo que dirías a otros alumnos.

*No te muestres impresionada o sorprendida todo el tiempo.* No alabes excesivamente a tu alumno a no ser que lo que haya hecho sea realmente relevante ("Ben, después de lo que me dijiste sobre tu torneo de tenis, recordé cuánto me gusta a mí también jugar tenis; estuve en los campos de juego esta semana y lo disfruté mucho"). Cuando un alumno necesita una ayuda extra para realizar una tarea normal y cotidiana, en el fondo se trata de una persona que está viviendo su día de forma normal. Guarda tus felicitaciones para aquellas realizaciones personales que sean de verdad relevantes.

A veces puede ser difícil saber si un alumno con alguna discapacidad necesita ayuda con cierta tarea particular o si se trata de algo normal, si bien no común, para él. Si no estás segura, pregunta. Mantente concentrada en las actividades que habías planeado. Haz preguntas específicas conforme se vayan presentando de una manera natural y cercana. "¿Quieres que me lleve tus libros o prefieres hacerlo tú mismo?". "Hoy nos toca hacer un trabajo escrito, ¿necesitas que te ayude en algo o así está bien?". No es necesario ni deseable tener todo su historial médico o recabar excesivos detalles que no son necesarios para poder tener la clase programada.

Si tú alumno necesita ayuda física, **escucha con atención y sigue las indicaciones con precisión**. Tu alumno conoce mejor su propio cuerpo y tiene una larga experiencia sobre lo que le ayuda y lo que no. Si no sigues con precisión sus indicaciones, uno o ambos pueden terminar lastimados. Ten en mente también tus propias limitaciones; pide a alguien que te ayude con aquellas tareas que están más allá de tus posibilidades para hacerlo de forma segura.

Una vez que ya tengas idea de las necesidades y posibilidades de tu alumno, haz pequeños ajustes según parezca conveniente para hacerle la clase más placentera. Pide a tu alumno que revise si el lugar donde se va a sentar durante las clases está bien:

- ○ **Si tu alumno tiene dificultades para oír**, ten actividades en el salón de clase, de forma que pueda seguir toda la clase y participar plenamente. Repite las preguntas y las respuestas de otros alumnos, si intuyes que no pudo escuchar lo que se dijo (este un buen hábito independientemente de que alguien tenga o no problemas auditivos, pues es una forma de asegurarte que has entendido lo que tus alumnos están tratando de decir).
- ○ **Si tu alumno tiene alguna discapacidad visual**, narra cualquier cosa que suceda en clase y que quizás no vio. Si pides que levanten la mano aquellos que quieren jugar al bingo de todos los santos, por cortesía para con tu alumno que no puede ver las otras manos, di simplemente, "veo cinco, seis... en total ocho manos que quieren jugar bingo". Si escribes algo en el pizarrón, léelo en voz alta.
- ○ **Si tu alumno usa silla de ruedas**, asegúrate de que hay un salón adecuado en el que pueda moverse y dar la vuelta para salir. Evita situaciones que excluyan o atraigan demasiado la atención sobre él o ella, como hacer que todos se sienten en el suelo excepto él o hacer pasar a los alumnos por un lugar estrecho donde la silla de ruedas no cabe. Mueve los muebles de forma que tu alumno se pueda sentar junto con los demás en vez de relegarlo a un "lugar especial", aparte.

No des por supuesto que a tu alumno no le gustan o no puede jugar determinados juegos. Habla con él y busca la forma de organizar un juego en que pueda participar. Si un alumno con discapacidad llega sin previo aviso a un evento en el que ya estaba planeada y preparada una actividad, toma unos minutos para hablar con él y preguntarle cómo le gustaría afrontar la situación. Sus opciones serían las siguientes:

○ Tener la actividad como estaba planeada con las adaptaciones que él suele hacer en estos casos.

○ Tener a una persona que le ayude haciendo la misma tarea, pero bajo su dirección.

○ Modificar la actividad cuando le toque su turno de forma que se adapte mejor a sus capacidades.

○ Participar asumiendo un rol distinto, como arbitrando o llevando el marcador.

○ Simplemente no participar.

Si estás organizando juegos y actividades que por lo general son difíciles para tu alumno, ¡algo estás haciendo mal! Procura reunirte con el alumno y sus papás para recibir ayuda. Podrías decir: "Estoy tratando de organizar algunas actividades didácticas que sean divertidas para nuestra clase. ¿Podrían ayudarme con la planeación de forma que hagamos algo en que todos puedan participar?".

## Las discapacidades que no se ven son reales

A menudo no puedes ver el dolor físico de otro, la pérdida de sensibilidad, la pérdida del oído, la visión borrosa, el debilitamiento de los músculos, la mala coordinación, la dificultad para respirar o la fatiga intensa. Si un alumno –cualquier alumno– se rehúsa a participar en una actividad, respeta su decisión. Es posible que ella te diga las razones de su decisión o quizás no quiera hablar de ello.

En el ámbito de la Educación Religiosa, nunca toca al catequista interpretar los síntomas que un alumno presenta. Cuando alguien se queja de un problema, pero no tiene síntomas aparentes, no des por supuesto que esa persona es perezosa, rebelde o que está buscando atención. Los alumnos (y los voluntarios que te ayudan) pueden estar forzándose físicamente para hacer algunas tareas, hasta el punto de estar trabajando, en silencio, al límite de sus posibilidades. No es raro que alguien se vea "con buena salud", a pesar de no estar sano. Puede suceder que a un alumno le guste tanto tu clase que se esfuerce por estar ahí a pesar de sentir mucho dolor.

Es bueno asegurarse de que los papás conocen la situación de su hijo, especialmente si existe alguna razón para pensar que tiene alguna enfermedad o trauma. Los papás pueden también dar algunas sugerencias sobre cómo involucrar al niño en la clase, especialmente si este es demasiado tímido como para hablarlo con él directamente. Dile a los papás que te dará mucho gusto que el niño participe en cualquier momento de la clase que él escoja.

La Iglesia es una comunidad sagrada. A lo largo de los capítulos anteriores, hemos analizado diversas formas de transmitir la fe a los alumnos que vienen a tu clase, sin importar su edad, sus cualidades o sus conocimientos académicos. Has adquirido algunas ideas sobre actividades que podrías incluir en tus programas de clase y cómo podrías diseñar un curso que sea útil para los alumnos que pronto vas a recibir. Ahora veamos cómo trabajar con otro importante grupo presente en la comunidad encargada de impartir Educación Religiosa: tus voluntarios.

# 7

# EL LIDERAZGO EN EL SALÓN DE CLASE

La disciplina en el salón de clase requiere un firme liderazgo. Cuando se trabaja con otros adultos, es fácil caer en los vacíos de autoridad: todos los maestros esperan que el otro se haga cargo. La clase se atasca, las faltas de disciplina no se corrigen de forma sistemática, todos se sienten frustrados y nadie sabe cómo arreglar el problema. Una buena comunicación y un buen programa de clases son la solución. Siéntate un momento con los voluntarios que te ayudan y ten una reunión para establecer las líneas generales del plan de clase. Estas son algunas preguntas que te pueden ayudar a ti y a tus voluntarios a desarrollar una estrategia para dirigir el salón de clase.

## ¿Qué papel te gustaría jugar en el salón de clase?

Cuando hay varios adultos en el salón, hay muchas formas de dividir la carga de trabajo. Estas son algunas opciones:

- ○ Un maestro dirige la clase, el otro adulto brinda solo apoyo cuando sea necesario.
- ○ El maestro principal dirige la mayor parte de la clase y el otro adulto solamente una o dos actividades.
- ○ Los catequistas se dividen el tiempo de clase en partes iguales.

◯ Los catequistas dan las clases de forma alterna: uno, una semana y el otro, otra.

Si un alumno necesita ayuda individual, el adulto que trabajaría mejor con él o ella puede quedar libre de otras responsabilidades para atenderlo. No des por supuesto que los papás del alumno son los que darán la ayuda adicional, incluso si uno de ellos está entre tus voluntarios.

## ¿Para qué cosas eres buena y qué cosas te gusta hacer?

No hay una ley que diga que todos los catequistas deben ser capaces de enseñar a cualquier salón. Ninguna persona en su juicio me pediría a mí dirigir música, si hay un músico competente en el salón. Rara vez cuento a los niños anécdotas de mi propia vida, sin embargo, he trabajado con excelentes catequistas que enseñan de ese modo. Algunos de los descubrimientos suceden por casualidad, por ejemplo, mi compañera dice que le gustaría dirigir un momento de oración y, cuando lo hace, decimos: "**¡qué bien lo hace, tiene un don especial para ello!**". Tomamos nota para incluir más actividades como esta o aquella en el futuro. Al encontrar lo que cada una disfruta más, se puede compartir la carga de las clases y el trabajo se hace más sencillo y agradable.

## ¿Qué quieres hacer durante el tiempo de clase?

Esta pregunta es ligeramente distinta a la anterior. Aquí no nos estamos centrando en lo que a cada uno de nosotras nos gustaría hacer, sino en lo que otra, cualquiera, podría hacer. Me gusta hacer esta pregunta después de la pregunta sobre los talentos que tenemos en equipo. Lo anterior porque, al analizar los talentos de mis colaboradores, puedo pensar en cosas para la clase que nunca se me habrían ocurrido. Podría pensar, por ejemplo, que nuestra clase necesita una buena actividad para romper el hielo, a pesar de que yo soy muy mala para ello. Otra catequista podría estar interesada en que enseñáramos vidas de santos, pero no sabe cómo hacerlo; ese es un tema que a mí me gusta mucho enseñar. Cada una hace su lista de las cosas que le gustaría que hiciéramos en clase y después trabajamos juntas para hacer un plan en el que incluyamos las más importantes.

## ¿Te gustaría modificar el plan de estudios?

Cuando estoy enseñando sola, puedo adaptar el plan de estudios que viene en el manual del maestro según me parezca necesario y escribir mi propio esquema de clase; si estoy trabajando con otra catequista, entonces debemos acordar de antemano los cambios que nos gustaría hacer y asegurarnos de que sabemos bien cómo se va a desarrollar la clase.

No tengas miedo de hablar con la otra catequista sobre los cambios que te gustaría hacer. Por lo general, los maestros están de acuerdo con los cambios que se deben hacer a un programa de estudios para que se adapte mejor al grupo. Es mucho mejor hablar de esto antes de que las clases empiecen, a sufrir con un currículo que no te atreviste a modificar. Otra opción es que tu compañera se quiera adherir al plan de estudios al pie de la letra, pero debe proponer ideas para afrontar los inconvenientes que estás percibiendo.

## ¡Escríbelo!

Anotar tus planes te ayuda a organizarte, a comunicarte y a mantener a tu curso en el camino correcto. Cuando es la primera vez que enseñas cierta clase, escribe tus planes hasta en los más mínimos detalles. Con el tiempo y la experiencia, vas a ser capaz de diseñar programas de estudio escribiendo solo el esquema de las ideas principales para recordar el resto de los contenidos.

Cuando das la clase junto con otra catequista, necesitas por lo menos una lista de cada actividad, definiendo quién hace qué y cuándo. Este es un ejemplo de un año en que enseñé a alumnos de quinto grado junto con otra catequista, una catequista con amplia experiencia:

Inicio: Karen pasa lista y Jen acompaña a los alumnos mientras hacen el ejercicio escrito.
Oración inicial: Karen.
Inicio de clase: Jen.
Pausa para mostrar a los niños el objeto que Karen trajo de casa y que se utilizará en la clase: Karen.
Fin de clase: Karen.
Avisos: Jen.
Más avisos: Karen.
Oración final: Karen.
Despedida: Jen (Karen tiene que estar en el estacionamiento pronto, para organizar la salida de los coches).

Con este esquema-programa cada quien puede encargarse de lo que le toca y preparar sus propios apuntes.

## Administración del tiempo

Si hay muchas maestras haciendo turnos para enseñar en un mismo periodo de clase, es posible que se den problemas con el uso del tiempo. Puedo excederme respondiendo a preguntas y dejando a mi compañera sin tiempo suficiente para dar su parte. Habla de esta posibilidad con antelación y haz un plan B para afrontarla en caso de que se dé. ¿Qué partes de la clase se podrían acortar o simplemente saltar en caso de necesidad? ¿Podría el otro maestro llevar el control del tiempo y dar un aviso dos minutos antes de que acabe el tiempo? Un acto de cortesía sería preguntar a tu compañera cómo prefiere que procedas, por ejemplo: "Niños, se nos está acabando el tiempo para preguntas. Karen, ¿qué opinas?, ¿damos tiempo para dos preguntas más o pasamos a la siguiente actividad y respondemos a más preguntas en la próxima clase? Si tú eres la que está esperando su turno, observa las señales que te puedan dar los niños. Si están atentos e interesados en lo que están haciendo, lo mejor puede ser dejar que la actividad siga para aprovechar las buenas disposiciones de los niños.

## Ensayos

No es necesario que ensayes cada palabra que vas a decir en clase. Pero cuando trabajas con un equipo, hay algunas actividades que requieren ser practicadas:

○ **Guiones.** Cualquier voluntario que vaya a actuar en una representación (ya sea leída, memorizada o improvisada) debe tener oportunidad de practicar su parte hasta que pueda hacerlo con facilidad, sintiéndose cómodo. Incluso aquellos que participan sin decir una sola palabra necesitan practicarlo al menos una vez.

○ **Juegos.** Haz que quienes te ayudan conozcan el juego en la práctica, al menos una vez, asegurándote de que entienden bien en qué consiste y lo que se espera de ellos. Seguramente no querrás estar explicando tu ingenioso rally a tus colaboradores mientras treinta niños de segundo grado esperan impacientes a que comience la diversión.

○ **Servicios de oración complejos.** Toma unos minutos para repasar todo lo que se hará: yo enciendo las velas y bajo la intensidad de las luces, ella comienza con la oración introductoria, los alumnos se pondrán de pie ahí, mis palabras las digo en este momento, todo terminará con esto y después aquello.

Los ensayos y las reuniones de planeación no necesitan ser demasiado largas ni cansadas. Solo asegúrate de que todos los participantes entienden bien lo que deben hacer y cómo deben hacerlo.

## Ayudar discretamente a la disciplina

Si me toca dar clase, es mi responsabilidad controlar el salón de clase. Yo debo ser el líder. Debo ser la que hace una pausa para hacer frente a un incipiente problema de disciplina. No es justo esperar a que mi compañera interrumpa mi clase para solucionar el problema disciplinar.

Cuando mi compañera está enseñando, la mejor ayuda es la ayuda discreta. Puedo detenerme cerca de los dos alumnos que están hablando en la esquina de atrás o recoger silenciosamente la nota que los niños están pasando de mesa en mesa. Si hay que cambiar de lugar a un alumno, puedo hacerlo sin necesidad de interrumpir la clase.

Habla con las demás catequistas, antes de que las clases comiencen, sobre cómo van a manejar la disciplina. El hecho de comunicarse sus ideas es un valioso hábito de comunicación. Seguramente te tocará afrontar situaciones inesperadas durante el tiempo de clase; pero al haber fijado ya algunos criterios generales, podrás improvisar soluciones con facilidad.

Con el tiempo y la experiencia, mis compañeras y yo vamos a encontrar formas de comunicarnos y de compartir experiencias de forma que la disciplina en el salón de clase se haga cada vez más sencilla. Pero al inicio, una buena comunicación y programación asegurarán la buena marcha del salón de clase.

# 8

# CÓMO DISEÑAR TUS PROPIOS PLANES DE CLASE

Ya hemos visto cómo planear una clase "típica", pero ahora necesitas planear *tu* propia clase. El siguiente es un método que te guiará paso a paso, de forma que puedas definir lo que quieres incluir en tus clases y puedas darle una estructura.

---

**PRIMER PASO:**

## Preguntas previas

Tu manual del profesor, otros recursos educativos que tengas a la mano y tu propia creatividad te darán muchas ideas sobre cómo dar tu clase. Usa estas sencillas preguntas sobre la clase en general para elegir las actividades más apropiadas:

○ ¿A qué hora van a llegar los alumnos? ¿Van a llegar todos juntos o van a llegar por goteo durante un periodo de tiempo?

○ ¿Cuáles son los objetivos de mi clase? ¿Hay canciones u oraciones que necesitemos aprender o conocimientos particulares que los alumnos deban dominar? ¿Hay algún tipo de espiritualidad que los alumnos necesiten conocer?

○ ¿Cuánto tiempo tengo?

○ ¿Qué edad tienen mis alumnos? ¿Qué tipo de actividades son las más adecuadas para el tipo de personalidades que espero tener? ¿Qué actividades pueden ser demasiado aburridas, no estar suficientemente relacionadas con el tema o confundir a los alumnos?

○ ¿Cómo se hará la salida? ¿Necesito preparar alguna actividad para la salida? ¿Qué necesitamos hacer antes de que llegue el momento de la salida?

Al responder a estas preguntas, estoy buscando dos cosas muy importantes:

1. Actividades de clase que no son realistas para el tiempo de clase con que cuento, para el espacio, para los alumnos o para los recursos que tengo.
2. Actividades que van a ser muy divertidas, pero que no añaden nada a la clase.

De todas las actividades que se te ocurrieron, escoge las que se ajusten mejor a tus necesidades.

---

**SEGUNDO PASO:**

## Haz una lista de posibles actividades

Haz una lista de las actividades que te gustaría incluir en tu clase. Es útil anotar cada actividad en una ficha o en un trozo de papel. Hazte las siguientes preguntas sobre cada actividad:

○ ¿Esta actividad es silenciosa o ruidosa?
○ ¿Dónde van a realizar mis alumnos esta actividad?
○ ¿Qué accesorios o tiempo de preparación se requiere? ¿Cuál es el proceso para terminar esta actividad, incluyendo recoger y limpiar el lugar, para que podamos pasar a la siguiente actividad?
○ ¿Cuánto tiempo requiere? Anota la duración estimada en las notas sobre tu lista de actividades.

## Estructura el plan

Anota un posible ritmo para la clase y analiza si "funciona". ¿Hay una progresión o flujo natural de una actividad a otra? ¿La primera actividad sirve de preparación para la segunda? ¿La segunda termina dejando a los alumnos listos para pasar fácilmente a la tercera? ¿Se pueden hacer todas esas actividades en el tiempo con que cuentas? Si usaste fichas o *post-its*, puedes reorganizar la lista físicamente tantas veces como lo necesites. Sigue moviendo las fichas hasta que sientas que el orden de estas se ajusta a tus objetivos.

## Haz un recorrido por las instalaciones

La mente hace planes, el cuerpo comprueba si funcionan. Visita el espacio físico donde vas a tener la clase y pasa de un lugar a otro tal y como tus alumnos lo harán cuando comiencen las clases. Baja a tantos detalles como puedas: después de cruzar la puerta, ¿qué van a hacer los alumnos?, ¿registrarse en el escritorio?, ¿encontrar un lugar?, ¿tomar un libro de texto del librero?

Estás buscando posibles cuellos de botella, tentaciones, material escolar perdido, excesivos traslados y cosas de ese tipo: "¿cómo hago para bajar la intensidad de las luces?". Si no estás seguro de que el DVD funciona, *y de que va a estar en el salón cuando lo necesites*, mejor no cuentes con él. Recuerda que los catequistas están sometidos a las mismas leyes físicas que los demás: no puedes estar en dos lugares al mismo tiempo. No planees dirigir el canto, pasar lista y llevar a los niños de preescolar al baño, al mismo tiempo.

Si tu salón de clase lo van a usar para otras actividades entre una y otra de tus clases, es posible que no lo encuentres ordenado tal y como tú lo querrías. Durante tu recorrido, haz una lista de cosas de último minuto que vas a necesitar ordenar cuando llegues a dar clase.

## QUINTO PASO:
## Haz ajustes

Reserva tiempo suficiente para tu visita a las instalaciones, de forma que puedas modificar y volver a probar tu plan de clase según se necesite. Revisa tu plan hasta que sientas que tienes algo sencillo y fácil de manejar.

## SEXTO PASO:
## Ten siempre un plan B

Pregúntate a ti misma:

- ○ ¿Cuáles son los puntos más importantes de la lección de hoy para estos alumnos?
- ○ ¿Qué voy a hacer si esta manualidad lleva más tiempo del esperado o si este juego termina más pronto?
- ○ Si hay un retraso o una interrupción, ¿qué actividades puedo omitir de forma que pueda dejar tiempo para los puntos más importantes de la clase?

Cuando estás en medio de la clase y sucede algo totalmente inesperado, es probable que tu memoria falle. Ten una hoja con la lista de tus planes B y tenla siempre a la mano para cuando necesites hacer cambios de último minuto. Forma el hábito de traer siempre contigo un fólder con actividades extra que puedas darles a los alumnos en cualquier momento.

## ¡Inténtalo!

Nunca sabrás realmente cómo funciona tu plan hasta que estés en clase. Prepárate lo mejor que puedas, luego sonríe ampliamente e inténtalo.

Si surge un problema en clase, no pierdas la calma. Piensa en una solución sobre la marcha. Me parece que nunca he tenido una clase que se desarrolle exactamente como tenía programado, pero he tenido muchas clases muy buenas. Planear no es enseñar. Planear es la herramienta que te ayuda a dar clase tan bien como puedas, teniendo en cuenta las circunstancias concretas en que te encuentres.

## Haz más ajustes

Ya pusiste en práctica tu plan y quizás encontraste una o dos dificultades. ¿Qué podrías cambiar para mejorar tu clase?

Algunas veces, vas a necesitar muchas clases para saber si tu plan está bien hecho. Quizás te suceda que la primera vez tuviste que saltarte o modificar una actividad, pero que la siguiente clase fluyó con más suavidad y tu plan original se cumplió sin problemas. O también puede suceder que clase tras clase te falta tiempo o que los alumnos no responden bien a la actividad planeada. En ese caso, abandona esa actividad o modifícala para que se adapte mejor al perfil de tus alumnos.

---

### NOVENO PASO:

## Inténtalo de nuevo

Aprender a enseñar es algo que necesita tiempo, práctica y experiencia. No te rindas solo porque has tenido algunas clases en las que no te ha ido tan bien. Incluso los maestros con mayor experiencia de vez en cuando tienen días difíciles. Si estás teniendo de forma regular el mismo problema, habla con otros maestros sobre cómo solucionarlo. Sé paciente y perseverante: puede llevar muchos intentos y probar diversas estrategias antes de encontrar la solución.

## Cuando todo empieza a salir mal

A veces tú haces todo bien y sin embargo todo empieza a salir mal.

Una vez en diciembre, Linda y yo, las dos catequistas de quinto año, estábamos dirigiendo el Salón de san Nicolás en un evento especial de Adviento que duraba todo el día. Iban a estar llegando grupos de unos veinte alumnos para tomar nuestra clase y después pasar a la siguiente actividad.

Todo estaba saliendo perfecto. Rápidamente hicimos algunos ajustes a nuestros planes de clase para hacer que todo fluyera con mayor facilidad. Estuvimos atentas a las reacciones de los alumnos e hicimos los cambios que cada grupo necesitaba. Los niños de kinder estuvieron muy felices; los de quinto año, también; las niñas de segundo año prácticamente devoraron la actividad.

Y entonces apareció un grupo de unos veinticuatro niños de octavo año. Y fue el principio del fin.

No eran niños normales de octavo año. Estaban muy cansados, ya habían recibido varias clases, estaban inquietos; en síntesis, niños de octavo año listos para correr y divertirse en el patio. Llegaron y en unos cuantos momentos el salón se transformó en un gimnasio para practicar esgrima empuñando marcadores. Alguien tenía que hacer algo y rápido.

Confiscamos los marcadores.

Suspendimos todas las actividades y dijimos un padrenuestro de emergencia (¡esos niños pueden rezar de verdad un padrenuestro, cuando se dan cuenta de que estás hablando en serio!).

Y entonces la clase cambió completamente.

La manualidad que teníamos planeada se convirtió en una tarea para casa. Redujimos la clase a los puntos esenciales y después recurrimos a nuestro fólder con actividades de reserva.

Fue una clase muy buena.

No fue la clase que habíamos planeado, pero fue la clase que aquellos niños necesitaban esa tarde. Incluso aprendieron algo sobre san Nicolás. Misión cumplida.

El que una clase se te salga de control alguna vez no quiere decir que seas un mal maestro. Quiere decir, más bien, que necesitas ajustar y cambiar algunos engranes. Yo hago mis planes y Dios hace los suyos. Cuando todo se empieza a descomponer, detente, respira hondo y haz rápido un nuevo plan.

## CONCLUSIÓN

# LLEVA TU PASIÓN POR CRISTO AL SALÓN DE CLASE

Enseñar Educación Religiosa puede imponer respeto: ¿podré hacer un buen trabajo?, ¿lograré que los alumnos se interesen?, ¿tendré algo que decir a esta joven generación? ¡Todo es tan distinto a cuando yo era niña! No te desanimes. Hay una muy buena noticia:

**Esta es la materia más importante
que tus alumnos podrán estudiar en su vida.**

Solemos decir "las matemáticas son importantes" o "alimentarse bien es importante" y ciertamente es verdad. Pero no existe, literalmente, una materia más interesante, más relevante y más importante para una persona que conocer a Dios. Tus alumnos necesitan ser buenos en matemáticas por los próximos setenta años; a Dios lo necesitan para toda la eternidad.

Lo primero que puedes hacer para que tu clase sea interesante para tus alumnos es cuidar tu fe; amar a Jesús y querer intensamente compartir tu amor con otros; querer saber más y más sobre Dios y querer compartir ese conocimiento con tus alumnos; tratar de modelar tu vida siguiendo el ejemplo de los santos y querer mostrar a tus alumnos cómo es la santidad, de forma que ellos también puedan pelear el buen combate día tras día.

Los alumnos perciben cuando tomas tu fe en serio. *Esto es importante. Vale la pena el sacrificio.* Un compromiso sincero con tu fe habla por sí solo, a pesar de las dificultades, los reveses; a pesar de los momentos en que la vida nos asusta o abruma, o simplemente se vuelve aburrida. Los alumnos pueden sentir tu profunda pasión por Cristo y por cada pequeña alma que viene a tu salón de clase.

## ¿Cuál de tus dones quiere Cristo que compartas hoy?

Nuestro amor por Cristo no es un mero sentimiento. Los seres humanos somos alma y cuerpo, y compartimos nuestro amor no solo con cálidos sentimientos, sino con nuestras acciones. ¿Y todos nuestros esfuerzos por dirigir el salón de clase, la planeación, la disciplina, el aprender a resolver los problemas de los alumnos? Estos esfuerzos son importantes porque tenemos un mensaje portador de vida y es importante que el mensaje no se pierda en medio del caos y de las distracciones. Mi amor asume una forma visible, *se encarna*, cuando me esfuerzo por dar mi clase de la mejor manera.

Cuando me va mal en una de mis clases, por lo general puedo atribuirlo a unas o varias cosas:

No la planeé ni la preparé

No estaba poniendo atención a mis alumnos ni a sus necesidades.

Estaba tratando de enseñar demasiadas cosas en una sola clase.

Estaba tratando de entretener, en vez de enseñar.

Estaba tratando de ser otra persona.

Como maestra y como cristiana, hay cosas para las que soy buena y otras que me encanta hacer. Y hay muchas cosas más sobre las que simplemente no sé mucho. El Señor sabe a quiénes está mandando a mi clase hoy. No me necesita para saber todo o para ser omnipotente. Tengo que hacer mi clase según lo que Dios me pide. Ya llegará otro maestro que dará a mis alumnos lo que yo no les puedo dar.

¿Cómo te creó Dios? ¿Qué talentos te dio? Tú eres una obra maestra de Dios, hecha a su imagen, llamada a compartir su amor con todo el mundo en una forma en que solo tú puedes hacerlo.

Puedes aprender a enseñar y a enseñar bien. No siempre es fácil y rara vez tendrás un día perfecto; pero con la ayuda de Dios y trabajando con constancia, podrás tocar el corazón de esos alumnos que anhelan conocer a Jesús. Que Dios te bendiga en todas tus empresas.

CPSIA information can be obtained
at www.ICGtesting.com
Printed in the USA
BVHW072016250919
559420BV00001B/6/P